歴史文化ライブラリー
149

丸山真男の思想史学

板垣哲夫

吉川弘文館

目次

丸山真男の経歴・イメージ・思想史学

始めに、丸山真男（一九一四～九六）の経歴の概要、人々が丸山について抱いたイメージ、本書が検討する丸山の思想史学の概要を述べることとする。

戦前の経歴

まず経歴。丸山は『大阪朝日新聞』の記者、丸山幹治の第二子として大阪で生まれている。父幹治が、陸羯南《くがかつなん》の新聞『日本』以来長谷川如是閑《にょぜかん》と親しく、丸山も長谷川及びそのグループを身近なものとして感じている。府立一中、一高（文科乙類）と進学し、昭和八年（一九三三）には文科乙類で成績一位になっている。少年時代から映画、西洋音楽（クラシック）にのめりこみ、その愛好は生涯続いた。八年四月唯物論研究会創立記念第二回講演会を聴き、本郷本富士署《もとふじ》に検挙、勾留される。以後定期的に特高刑事の来訪、憲兵隊への召喚を受ける。一高ではドイツ文学専攻を志望していたが、変更し、九年東京帝国大学法学部政治学科に入学する。法学、政治学の文献のみならず、マルクス主義文献、M・ウェーバー、マンハイム等広く読書する。一一年『緑会雑誌』（法学部の親睦団体、緑会の雑誌）の懸賞論文に、「政治学に於ける国家の概念」を提出、第二席Aに入選する。南原《なんばら》繁《しげる》に日本の伝統的思想あるいは中国古典の政治思想の研究を勧められ、研究生活に入ることを決意し、一二年法学部卒業後、助手となり、南原研究室に残る。

助手時代、儒教の古典、江戸時代の儒学、国学の著作を広く読破する。一四年一二月法学部非常勤講師津田左右吉《そうきち》の講義の最終回において、聴講していた丸山は津田とともに、原理日本社系の日本学生協会の学生による質問攻め、軟禁にあう。一五年「近世儒教の発展における徂徠学の特質並にその国学との関連」を『国家学会雑誌』に発表し、同年六月には東京帝国大学法学部助教授となる。一六年～一七年、「近世日本思想史における『自然』と『作為』――制度観の対立としての」を『国家学会雑誌』に発表する。一九年三月、南原繁夫妻の媒酌により、小山ゆか里と結婚する。同年七月二等兵教育召集により応召、朝鮮平壌に向う。脚気のため召集解除、一一月東京に帰還。二〇年三月臨時召集により、広島市の陸軍船舶司令部に応召。同年八月九日、広島市の原爆爆心地付近を写真撮影する。八月一五日敗戦の日に母死去。

戦後の経歴

敗戦後、各地の市民向けの公開講座、講演会に参画する。昭和二一年（一九四六）五月「超国家主義の論理と心理」を『世界』に発表し、大きな反響があった。二二年、「福沢に於ける『実学』の転回――福沢諭吉の哲学研究序説」、「福沢諭吉の哲学――とくにその時事批判との関連」を発表。二四年、平和問題談話会設立に参加する（以後、談話会の活動において、サンフランシスコ講和問題に対して全面講和を主張し続ける）。二五年一月、「講和問題についての平和問題談話会声明」に参画。同年六月東京大学法学部教授となる。同年九月、平和問題談話会の「三たび平和について」に参画。同年一二月胸部結核が判明し、二七年三月まで療養。二七年一二月『日本政治思想史研究』を刊行。二九年一月肺結

図1　丸山真男

核により入院する（三一年四月まで入退院をくり返す）。三一年一二月、『現代政治の思想と行動』上巻を刊行。三二年三月、『現代政治の思想と行動』下巻を刊行。

三三年一一月、「日本の思想」を発表（日本の思想、文化の基底としての「原型」の追究の開始）。三四年一月、「開国」を発表。三五年二月、「忠誠と反逆」を発表。この年、日米安保条約改定反対運動に参加、活発に行動する。四三年一二月、東京大学全学共闘会議学生が法学部研究室を封鎖（東大紛争）。紛争中、丸山は明治新聞雑誌文庫運営委員会主任として、同文庫所蔵の文書類を守るため、書架によって文庫内側から封鎖し、床にマットレスを敷いて泊りこむ（健康悪化の原因となる）。四四年二月、全共闘学生により文学部教室で軟禁状態となる。三月、心不全、肺炎のため入院。以後健康が充分回復せず、四六年三月、東京大学法学部教授を定年を待たずに辞職する。

四七年一一月、「歴史意識の『古層』」を発表。五〇年三月、「日本における問答体の系譜」と題して講義。五五年三月、「闇斎学と闇斎学派」を発表。五六年六月、「原型・古層・執拗低音——日本思想史方法論についての私の歩み」と題して講演。六一年一月、「日本政治思想史研究における多大な業績」（受賞理由）により一九八五年度朝日賞を受賞。この年、『「文明論之概略」を読む』上・中・下を刊行。平成七年（一九九五）九月、『丸山真男集』全一六巻別巻一（岩波書店）の刊行開始（九年三月まで）。八年八月一五日、進行性肝臓癌のため死去（以上の経歴の概要は主として、「年譜」〈『丸山真男集』別巻、岩波書店、平成九年〉に依拠している）。

丸山真男についてのイメージ

以上のような経歴を歩んできている丸山を人々はどのようにとらえ、イメージしているか。まず、丸山の専門である政治思想史学、政治学において、明快、着実であり、また刺激的な業績を産出してきた研究者としての丸山のイメージがある。日本政治学会会員に対する、「尊敬する政治学者」というー九九八年のアンケートにおいて丸山は圧倒的多数で筆頭であった（田口富久治「戦後政治学と丸山真男」、『思想』九〇三号）。丸山と同年輩の政治学者で、丸山よりはかなり保守的な立場をとっていた政治学者、猪木《いのき》正道《まさみち》は丸山を、政治学の最大の実力者と表現している。東京大学法学部における教え子を中心とする、丸山に傾倒する思想史学者たちは「丸山シューレ（学派）」と呼ばれ、その教祖としての丸山は早くから神話化されていた。大学紛争（昭和四三年〈一九六八〉～四四年）の頃まで社会科学、歴史学志望の学生の間で丸山の『現代政治の思想と行動』はロングセラーであり、丸山の明快、犀利な進歩的論文は、党派を問わず、当時の学生をひきつける魅力をもっていた。大学紛争時の都会の学生を描いた庄司薫『赤頭巾ちゃん気をつけて』の中で、主人公の若者、薫を魅了する、東大法学部で「すごい思想史の講義をしている教授」のモデルは丸山である。

次に、戦後民主主義の旗手としての丸山のイメージがある。このイメージ形成には、丸山の研究業績も寄与しているが、むしろ、サンフランシスコ講和問題、六〇年安保改定問題等における丸山の政治的行動、発言の方がより大きく寄与している。「大日本帝国の『実在』よりも戦後民主主義の『虚妄』の方に賭ける」(「増補版現代政治の思想と行動　後記」、『丸山真男集』第九巻、岩波書店)という丸山の言葉も神話化されている。丸山とは対立する「新しい歴史教科書をつくる会」の『新しい歴史教科書市販本』(扶桑社、平成一三年)において、丸山は大塚久雄とともに、「戦後をリードする進歩的文化人の代表」とされている。丸山のこのイメージはすでに歴史化されているのである。丸山の死後、丸山が関係した岩波書店、東京大学出版会、未来社、みすず書房といった出版社の、丸山を敬愛する編集者による丸山についての回想が多数出ている。マスコミは丸山の死を知識人の時代の終焉として受けとめていた。

さらに、丸山の西欧志向、近代志向が、大衆から乖離《かいり》した高踏的なものとしてとらえられたイメージがある。大学紛争の一部である東大紛争において丸山が全共闘学生により軟禁された際、学生から「ベートーヴェンなんかききながら、学問をしやがって！」と言われ、衝撃を受けている（丸山真男『自己内対話』みすず書房）。丸山のクラシック趣味が、全共闘の反近代主義、反西欧主義において高踏趣味としてとらえられているのである。長谷川宏は、超国家主義を含む近代日本に対する丸山の批判は、日本の民衆の生活、心理の内側から理解したものではなく、知識人の高踏的な知性本位の立場からのものであるとしている（長谷川宏『丸山真男をどう読むか』講談社、平成一三年）。吉本隆明も丸山の大衆からの乖離をとらえ、大衆の根底的な存在様式自体をあるがままに解明することを主張し、丸山を含めた戦後知識人の大衆像を、現実から遊離した、観念的な虚像として批判している（「丸山真男論」、吉本隆明『模写と鏡』春秋社、昭和三九年）。

以上のイメージは、対蹠的《たいせきてき》な二つの方向からなされている、丸山についての現在の論評（本書「終章　丸山真男に対する対蹠的な論評」を参照せよ）に連関していると思われる。本書においては丸山の思想史学の全体構造を解明することを任務とし、その解明された全体構造を、以上の丸山についてのイメージ、丸山についての現在の論評に対置するにとどめ、あえて本書の内容とイメージ、論評との関係には論及しない。次に丸山の思想史学の概要を述べる。

丸山真男の思想史学

丸山真男の本業は日本思想史の研究である。戦後、現状政治分析ともいうべき、超国家主義の研究、戦後民主主義にかかわるさまざまな問題の分析を発表しているが、これらの時事的な発言も、丸山の内面においては日本思想史の研究とつながるものとしてとらえられており、丸山の思想史研究の部分をなすものとして構成されている。

丸山の発表、発言は、近代ヨーロッパの中心的な思想軸である自由主義、民主主義、社会主義、及び近代ヨーロッパの病理であるファシズムに対する透徹した、深い理解を基盤として、日本思想、現代日本政治を解剖したものであり、戦後の民主主義的思潮、それに対決する保守主義、それを乗り越えようとする社会主義という思想状況のなかで、批判を浴びつつも注目され続けてきた。注目されてきたことの要因として、丸山の発表、発言の基底の思想が、前述の近代ヨーロッパの諸思想を基盤としつつも独自の発想を形成していたこと、前述の戦後の思想状況のうちに包摂しえず、むしろその思想状況を批判する要素をもっていたことを指摘できる。

丸山の発表、発言は四つに区分できる。㈠、丸山の青年時代、学問の出発点において丸山に強い印象、衝撃を与えた超国家主義についての研究、超国家主義と連続的関係にあると丸山がとらえ、その由来、基盤であるとされた明治期以来の日本のありかたについての研究、及び、表面的には超国家主義を全面的に否定、克服したようにみえながら、超国家主義と通底するところをもつ、戦後民主主義を軸とする戦後の思想状況についての研究(「超国家主義と近代日本」の章で検討)。(二)、ギリシアのポリスに淵源する、自由な主体がフィクションとしての制度を社会契約的に製作し、大きな政府を志向する民主主義、及び、ヨーロッパ中世のキリスト教、スコラ哲学、自然法思想、自主的集団の精神における秩序観、抵抗の志向に由来する、小さな政府を志向する民主主義についての研究、さらに、これらの民主主義の破綻(大衆社会、アパシー)に対応しようとする社会主義、ファシズムについての研究(「近代ヨーロッパとその破綻」の章で検討)。(三)、(一)における超国家主義をその極限とする近代日本の諸要素、及びそれらを克服すべき普遍主義への可能性を前近代(古代〜近世)のうちに追求しようとする研究(「『原型』・『古層』・『執拗低音』」の章で検討)。(四)、普遍主義が稀薄な日本の思想風土のうちにあって、その思想追求の営為のうちに普遍主義への通路を見出しうると考えられる個別思想家の思想についての、丸山の本業としての研究(「思想家の探究」の章で検討)。

丸山は自分は「近代主義」者であると考えており、「近代化」とは、普遍性、個性という相反する方向への「永久革命」運動であるとし、㈡において近代ヨーロッパの思想のうちにこの運動を見出し、㈠・㈢・㈣において日本の思想のうちにこの運動の可能性をとらえようとした。㈡においては、前述の二つの民主主義において主体と制度、及び普遍性と個性における緊張関係と乖離《かいり》とがあり、始めから「近代化」は矛盾、相剋《そうこく》をはらんでおり、大衆社会、社会主義、ファシズムに至って矛盾は一層深化したとしている。丸山における目標理念としての「近代化」自体が、内部矛盾をはらんだ問題提起的理念なのである。㈠・㈢・㈣における日本の思想における可能性の発掘の結果は全体として乏しく、日本に対する丸山の態度を著しく否定的にしていると思われる。しかし㈣の個別思想家の思想の研究の到達点と考えられる福沢諭吉、闇斎《あんさい》学派の研究においては、内在と超越との連関における弁証法的構造を見出し、普遍性と個性との弁証法を見出していると考えられる。

丸山をとらえて離さなかったこの「近代化」に対し、社会主義、共産主義はその変革への姿勢の不充分さを批判し、保守主義、土着主義はその西欧的偏向を批判し、反近代主義、ポストモダンは大衆社会、高度情報社会におけるその無効、破産を批判している。しかし丸山は「社会主義」を「近代化」の中心思想の一つとして包摂し、検討しており、保守主義、土着主義、反近代主義を「近代化」との関係において批判的に位置づけている。ポストモダンとの論争は今後本格化すると思われる。以上、丸山の思想史研究における「近代化」の視座とその日本批判は、過去の日本の解明において、現在、未来の日本の問題発掘、その解明において示唆と刺激を与えるものであると考えられる。

本書の内容

本書は、以上のような丸山の思想史研究を解釈し、再構成しようとするものである。丸山が思想史の史料を解釈したその解釈をさらに再解釈し、丸山の思想史研究の全体像を体系的に俯瞰できるようにその再解釈を再構成するのである。再解釈、再構成において、丸山自身の解釈、構成とは異なる解釈、構成をとった場合がある。そうすることによってより整合的な体系化をはかることができた場合がある。

引用文献名表示において、次の三つのシリーズの文献、『自己内対話』は以下のように表示する。

○『丸山真男集』第一巻～第一六巻・別巻、岩波書店、平成七年～九年〔例〕「日本におけるナショナリズム」、『集5』51（一九五一年発表の丸山論文「日本におけるナショナリズム」、第五巻所収）

○『丸山真男座談』1～9、岩波書店、平成一〇年〔例〕『座談7』68（一九六八年に行なわれた座談会における丸山の発言からの引用。座談会名は表示しない。『丸山真男座談』7

所収）

○『丸山真男講義録』第一冊〜第七冊、東京大学出版会、平成一〇年〜一二年〔例〕『講義5』65（一九六五年度における丸山の講義の講義録からの引用。第五冊所収）

○丸山真男『自己内対話』みすず書房、平成一〇年は『自己内対話』とのみ表示する。

超国家主義と近代日本

明治前半期の可能性

福沢諭吉

近代日本の政治、社会についての丸山の考察は、自立した自由な主体による民主主義、ナショナリズムの形成という視点からなされ、近代日本に対する評価は全体として批判的、否定的である。そのなかで、明治前半期は太平洋戦争敗戦直後とともに、希望と可能性をもった例外的な時期とされている。とりわけ福沢諭吉に対する評価は高い。超国家主義（日本のファシズム）が荒れ狂った、日中戦争時初めて福沢を読んで、「痛快痛快」と感じ、「維新頃にくらべて何で日本はこうも駄目になっちゃったんだろう。……（福沢が書いたことが―引用者）一九三〇年代半ば以後の現実の思想的、社会的、および政治的状況批判にそのまま当てはまるとはどういうことなのか」と思っている（『座談9』84）。すでに福沢を中心とする明治前半期は超国家主義に対置されているのである。以後、この対置図式は丸山の認識を推進するとともに、丸山の認識を拘束していると考えられる。

図2　福沢諭吉（慶応義塾々史資料室蔵）

「福沢は単に個人主義者でもなければ単に国家主義者でもなかった。また、一面個人主義であるが他面国家主義という如きものでもなかった。彼は言いうべくんば、個人主義者たることに於てまさに国家主義者だったのである。国家を個人の内面的自由に媒介せしめたこと――福沢諭吉という一個の人間が日本思想史に出現したことの意味はかかって此処にあるとすらいえる。……『一身独立して一国独立す』で、個人的自主性なき国家的自立は彼には考えることすら出来なかった。国家が個人に対してもはや単なる外部的強制として現われないとすれば、それはあくまで、人格の内面的独立性を媒介としてのみ実現されねばならぬ。福沢は国民にどこまでも、個人個人の自発的な決断を通して国家への道を歩ませたのである」（「福沢に於ける秩序と人間」、『集2』43）。この戦時中の文章の観点、自立した個人による国家の構築という観点は以後一貫して保持され、明治前半期、敗戦直後においてはその構築の可能性が見出され、他の時期においては可能性が遠ざかっているとされているのである。

　福沢について丸山はさらに、民権と国権との結合のみならず、分裂、衝突に対する認識をも指摘し、個人の基本的人権を中心とする市民的自由と、参政権を中心とする政治的自由との区別に対する認識をも指摘している（『座談6』66）。これらの認識は、個人の自由とナショナリズムの衝突の認識に連続しており、丸山は福沢のうちに、個人と国家の結合と分裂の両者を見ようとしているのである。

自由民権運動

　自由民権運動については、自然に対置された作為への志向による人民主権の民主政治の構想、及び民主政治を担う責任主体としての人民こそが国家の対外的独立をも担いうるとする構想を高く評価しながらも、民権論と国権論の分裂、民権論の国権論への吸収を指摘している。

　「多くの民権論者においては、『民権』の概念のなかに個人の権利と、人民の権利という二つのカテゴリーをゴッチャにしていた。つまり『人民』対『政府』の発想のなかに、『個人』対『集団』の次元の問題が埋没してしまった。『よしやシヴィルは不自由でも、ポリチカルさへ自由なら』という歌（『よしや武士（節）』民権都々逸《どどいつ》）はその端的な表現です。集合単一体としての『人民』の観念は、『くに』というイメージを媒介として比較的容易に『国家』に、ついにはその結節点としての『政府』に、同一化され吸収されてしまうものです。民権論が近代西欧の政治思想をあれだけ移植しながら、『人民』内部の個と全体（または多数）との関係、個人は果して、またどこまで『代表』されるかという吟味、全員一致と多数決との関係、少数者の権利の問題等々、ヨーロッパの近代自然法や契約説の思想的核心をなしてきた問題が、民権思想家の論議にも運動家の言動にも、ほとんど注目されていないのはおどろくべきほどです。この理論的なよわみが『民権』論の『国権』論への吸収を容易にした点を見のがしてはならない」（『座談6』66）。個人と集合概念としての人民との区別が曖昧《あいまい》化し、人民―国家―政府の系列のうちに個人は埋没し、民権は国権に従属していったとされている。福沢においては市民的自由（「シヴィル」）は政治的自由（「ポリチカル」）よりも優位していたが、民権論者においては逆転し、この逆転が前述の個人の埋没、民権の国権への従属と照応しているととらえられている。

「(自由民権運動においては、―引用者) 一方には典型的な啓蒙的個人主義、つまり、すべての人間は生れながらにして自由平等であり、国家は個人の幸福のためにあるという天賦《てんぷ》人権論と、他方には人民の力を結集して、日本の国権を対外的に拡張するという国権拡張論とが、相互に無媒介のまま、かれらのイデオロギーのなかに並列させられており、この両要素がどういう関連に立つかということが、十分に突き止〔詰〕めて考えられていなかった。しかも個人の自由という場合、その自由は、多分に快楽主義的な意味での自由として捉えられている。そこには良心の自由というよりも、むしろ、自然のままの人間の本性を、できるだけ拡充するという感性的な自由、感覚的な自由が考えられている。こういう幸福主義的な個人主義が、なぜ他面において、国権主義を基礎づけ得るのかということは、ついに突込んで問題とされなかった。……感覚的な自由そのものからは、国家原理としての民主主義は出てこない。だから、はじめの自由民権論は、必ず民権論と国権論が並行して説かれているが、やがて朝鮮シナ問題をめぐり、日本の対外的な発展が歩を進めるとともに、自由主義と国権主義は相互に離ればなれになり、国家思想としてはもっぱら国権拡張論だけが高唱されるようになってしまう」(「自由民権運動史」、『集3』48)。天賦人権論の内実は快楽への自由であるとし、そのような自由と国家構築を志向するナショナリズムとは背反するとしている。この背反から民権論と国権論は分裂し、やがて後者のみが国権拡張論として展開されるに至るとしている。快楽を志向する個人と、対外進出を志向する国家とは媒介されることなく、併存しているのである。

陸羯南

明治前半期の可能性を示すものとして、丸山が福沢に次いで着目したのは陸羯南《くがかつなん》である。丸山は敗戦直後の昭和二二年（一九四七）、「陸羯南――人と思想」を発表し、次のように述べている。

> 羯南の日本主義は上述のように、ナショナリズムとデモクラシーの綜合を意図した。それがいかに不徹底なものであったとはいえ、これは日本の近代化の方向に対する本質的に正しい見透しである。国際的な立遅れのために植民地ないし半植民地化の危機に曝《さら》されている民族の活路はいつもこの方向以外にない。不幸にして日本は過去においてその綜合に失敗した。福沢諭吉から陸羯南へと連なる国民主義の最初からのひ弱い動向は、やがて上からの国家主義の強力な支配の裡に吸いこまれてしまった。そのために下からの運動はむしろ国際主義いな世界市民的色彩をすら帯びざるをえなかった。長きにわたるウルトラ・ナショナリズムの支配を脱した現在こそ、正しい意味でのナショナリズム、正しい国民主義運動が民主主義革命と結合しなければならない。

図3　陸　羯南

（『集3』47）

陸におけるナショナリズムと民主主義との結合を、丸山自身の戦後民主主義は継承、発展させようとしており、戦前の「下からの運動」におけるナショナリズムの欠如を批判しているのである。同論文において丸山は、後進国家が「外国勢力に対する国民的独立と内における国民的自由の確立という二重の課題を負うこと」は、世界史における必然的論理であるとし、陸の国民主義を世界史的連関のうちにとらえている。

陸と自由民権論者とは民主政治、議会政治の推進において一致するが、民権論者の主張が、現実から乖離した、抽象的な天賦人権に依拠しているのに対し、陸の主張は、国際競争のさなかに近代国家を建設しなければならないという現実に立脚しようとする。陸は、個人の自由を全面的に主張しようとする民権論者の傾向を現実から乖離《かいり》した公式論とし、個人自由と国家権力との正しい均衡を求める。丸山はこのような陸の思考を、ヘーゲル的な弁証法的思惟過程としてとらえる。

さらに丸山は、国民、国家、天皇を「メカニズム」（作為された制度、機関）としてとらえ、明治維新、明治前半期の変革における前代からの断絶、作為性を強調し、高く評価する陸の志向（『座談7』68）と、「国民」概念のうちに、「君主」も「貴族」も「藩閥」も「紳商」も「平民」も包摂せしめ、これら諸階層の具体的、歴史的な内容を捨象する「神秘的な全体主義」への陸の志向（「陸羯南――人と思想」、『集3』47）との間に分裂、背反、すなわち弁証法的思考の破綻を見出していると考えられる。

明治時代の思想

以上のような、明治前半期における民主政治とナショナリズムの結びつきは、明治後半期における明治国家体制の確立、閉塞化、日清、日露両戦争における軍国的傾向、及びそれらに対する反動としての内閉化の傾向（官能的快楽、美意識への逃避。国家、政治に無関心な個人主義、コスモポリタニズムへの逃避）の増大のうちに、分裂、弱化していったことを丸山は認識しつつも（後述）、明治前半期の基盤の上に築かれた明治時代の思想の全体について次のように述べている。

全体としての明治の思想は「天下国家」の問題に対する熾烈な現実的関心に裏付けられていた。そこではインテリゲンツィアは顕在的でなくとも少なくとも潜在的な「政治青年」であった。政治的実践に破れ、あるいは政治の現実に失望し、あるいは政治的価値の過剰な氾濫に反発して宗教や文学の領域に立籠《たてこも》ったものも、しばしば内面的価値の強調を現実政治に対する抗議として表現した（例えば内村鑑三、国木田独歩、北村透谷、夏目漱石ら）ことは、明治末期以後の宗教家や文学者のいわば即自的な非政治的傾向と顕著な対照を示している。（「明治時代の思想」、『集6』53）

明治前半期に続く後半期においても政治、国家といった公事に対する関心は存続していたと丸山は認識しているのである。しかし同じ論文で明治時代の思想の全体について次のようにも述べている。

……天皇制による国民の強制的同質化過程の進行を無視することはできない。それは直接政治的には自由民権運動とくにその左派の弾圧からはじまって、陰惨な大逆事件に終っているし、思想的には「三条の教則」から「教学大旨」を経て、教育勅語にいたって完成する国民教化の基本線に表現されている。……その際一貫して天皇制国家から異質的なものとして排除される傾向があったのは、プロテスタンティズムのある要素と、ラディカルな民主主義およびその脈を引く無政府主義、社会主義の思想と運動であった。しかし上からの近代化のめざましい進展、国際政治の帝国主義化、国内プロレタリアートの未成熟といった種々の要因によって、こうした異質的な思想形態は少数者のサークルに限られ、ひろい社会的基盤を持ちえず、そのためにそれらの強制的排除はかならずしも国民的規模において恐怖の雰囲気を醸成せず、思想市場の流通をはなはだしく妨げることはなかった。明治末期に鋭く「近代化」の矛盾と破綻を見抜いていた漱石でさえ、「明治の歴史は即ち余の歴史である」といって自己の人格的発展と明治社会の発展とがぴったり寄り添っていたことを告白し、石川啄木のような急進的な文学者でも、一九〇九年（明治四十二年）伊藤博文の遭難に際して深い追悼の意を表し、その業績を称えた、ということは明治思想における公分母の相対的な大きさをよく示している。要するに天皇制が知性的に制約され、逆に知性が天皇制的に制約されていたという、この二つの条件が相まってそうした大きな公分母の存在を可能にしたのであった。（『集6』53）

天皇制と知性との相互制約という「公分母」の思想的枠組の包容力が、後の昭和超国家主義の時代に比べて相対的に大きかったことを丸山は認めつつも、個人と国家との関係、民主主義とナショナリズムの関係に対するとらえかたがそのような枠組のうちに制限され、閉じこめられているとみているのである。明治の思想のうちに丸山は可能性と狭隘化の双方をみているのである。とりわけ丸山が近代日本の文学者のうちで最大の可能性を認めている漱石、啄木が明治国家体制に同一化していることは、明治国家体制、ナショナリズムへの個人自由の従属、知識人の従属として丸山において受けとめられていると思われる。

明治前半期の直前の幕末維新期における対外意識と個人の主体化について丸山の認識をみてみよう。

幕末維新期の思想

幕末における欧米列強進出に対する意識の中心として、欧米列強が支配する世界は本来日本とは異質であり、日本はそのような世界のうちに所属してきてはいず、世界のうちにひき入れられるのであるとする意識を指摘している。この意識においては列強、欧米人は全く異質な他者であり、彼等との間に対等感は欠如し、尊大と卑屈、軽蔑と恐怖が表裏をなす感情が生起する。この非対等感は、幕藩体制の階層支配に国際関係を類比することにより増幅され、相手を征服するか、日本が征服されるかの二者択一の意識に至る。この二者択一意識と、対外危機に触発されて復活した戦国武士の軍事的思考様式とが相互に促進しあっている。またこの攘夷思想は支配階層において、身分的特権維持の要求と結びつき、国民の大部分を占める被支配者層と外国との内通に対する猜疑、恐怖を生じ、容易に国民的な連帯意識を形成しえなかったとしている。さらに、欧米を中心とする世界への認識の解放、精神における開国が遂行されたのは個々人の精神の次元においてではなく、圧倒的に「ナショナルな次元」における

「集団転向」としてであったとしている（「開国」、『集8』59）。

以上のような幕末維新期の対外意識と清朝末期の康有為《こうゆうい》の『大同書』における世界観とを比較している。後者においては、国家、民族の差別を撤廃し、世界国家の樹立によるユートピア建設が志向されているが、この思想の背景には中国の伝統的な「天下」観念があるとし、「天下」観念は「中華」観念と同様政治的であるよりは文化的であり、中国においては欧米列強と接触した際、国家、民族を超越する「天下」観念によって国際社会をとらえようとしたとしている。日本には「天下」観念のような国家を超越する観念がなく、国家意識の形成においては早熟、強固であったが、同時に日本の帝国主義化は抵抗なく推進されていったとしている。この比較において中国の「天下」観念、「中華」観念は高く評価されており、丸山においてナショナリズムは、自らを超克し、自己否定していくべきものとしてもとらえられているのである（『講義2』49）。

個人の主体化については次のように述べている。

思想史的に見た維新は、徳川時代にいわばなしくずしに進行して来た「人欲」の解放過程を一挙に押しすすめたという点にその意義と限界を持った。当時の進歩的知識人（とくに明六社グループ）においてはわれわれは不徹底ながらなお積極的な、換言すれば規範創造的な自由観を見出すことが出来る。しかし「文明開化」のスローガンが維新後の社会を嵐の様に吹きまくったとき、それは旧体制下に抑圧せられていた人間の感性的自然の手放しの氾濫となって現われたのである。……こうした感性的自由の無制約的な謳歌からいかにして近代国家を主体的に担う精神が生れ出るだろうか。外からの枠としての「御上様の御政道」がとりのぞかれたとき、それは自己の行為を内部から決定するなんらの基準をも持ちえないのであり、そのゆえにまたそれは新たなる形での「御上の御政道」を早晩よび起さずにはいない。（「日本における自由意識の形成と特質」、『集3』47）

開国と明治維新による幕藩体制の解体は感性的自然、欲望における自由を飛躍的に増大させたのであり、このような意味での自由と、自己を規制する規範を創造し、国家、社会の秩序を担う主体性とは丸山において峻別されており、幕末維新期における後者の主体形成の可能性について丸山は否定的であったのである。

丸山における分裂

以上、明治前半期についての丸山の認識を中心として、その前後の時期についての認識をも併せて検討してきたのであるが、福沢、陸を中心として、民主主義とナショナリズムとの結合の可能性を追求しようとする丸山の志向を明瞭に見出しうるとともに、明治前半期においてさえもそのような可能性を否定する傾向が強固であることを認識せざるをえなかったことを明らかにしえた。戦後民主主義と明治前半期を結びつけようとする丸山の実践的志向と、明治前半期、その前後の時期の思想に対する丸山の実証的考察の結果とが矛盾、分裂しているように思われるのである。

超国家主義の前提――体制と反体制の変容

体制の変容

丸山において、明治後半期以降、確立された明治国家、社会のありかたは、明治前半期における可能性を次第に喪失していく方向に変容していったとされている。また満州事変前後から高揚する超国家主義は、この明治国家、社会の変容の延長上に連続しているものとして位置づけられている。以下、丸山によってとらえられた明治後半期以降の変容を体制の側面と反体制の側面とに区分して述べる。前者から述べる。

丸山は、「日本のナショナリズムの精神構造において、国家は自我がその中に埋没しているような第一次的グループ（家族や部落）の直接的延長として表象される傾向が強く、祖国愛はすぐれて環境愛としての郷土愛として発現する」とし、この日本のナショナリズムを、「『国民の存在は日々の一般投票である』という有名なE・ルナンの言葉に表徴されるような高度の自発性と主体性を伴っている」近代ナショナリズムに対置している。この日本ナショナリズムは、明治後半期以降政府の主導により、「ひたすら第一次的グループに対する非合理的な愛着と、なかんずく伝統的な封建的乃至家父長的忠誠を大々的に動員し、これを国家的統一の具象化としての天皇に集中する」ことによって注入されたとしている（「日本におけるナショナリズム」、『集5』51）。最高の国民道徳とされた「忠君愛国」について、「忠君が愛国に先行し、むしろ後者は前者の反射として出て来る」とし（「戦後日本のナショナリズムの一般的考察」、『集5』51）、「『愛国』は元来なかった言葉で、明治二十年ごろまでは『自主愛国』、『自由愛国』ともリンクして、近代市民によって担われる愛国という観念であったのが、〝自主自由〟とのかつての結びつきに代わって、『忠君』と結びついたことによって、下からの自発性と自律性の契機（民主的契機）を脱落させた」としている（『講義5』65）。

また明治後半期における変容について、「『忠君』と『愛国』との結合は、二十年代では象徴の配給者の側でも受け手の側でも、問題が忠誠の政治的な調達にあることがまだ比較的明瞭に自覚されていたのに対し、明治三十年代後半から『忠孝一致』、『祖先教の伝統』、

『家族国家』等々が強調されるにしたがって、天皇制的な忠誠象徴はいわば社会化されて、政治的装置としての国家像は、共同体的なイメージの背後に退いてゆくのである」、としている（「忠誠と反逆」、『集8』60）。「政治的な調達」、「政治的装置」における政治は、明治前半期における可能性としての、民主主義とナショナリズムとの結合を包摂しているのであり、明治後半期以降「共同体的なイメージ」のうちに解体、解消されていくのである。

「空気」としての国体

国民のうちに漸次根をおろしていった、この共同体的な国家像は、思想、運動としてのナショナリズムではなく、全国民を抱擁するべく、既に存在する与件としての「空気」であると表現している。

天皇制が正統化され、国民の中に、上から浸透していくに従って、天皇制そのものが政治的対立の彼岸におかれ、非政治的に表象された。したがって、それは、空気のように目に見えない雰囲気として一つの思想的な強制力をもつようになった。したがって、それは、そこの中に住んでいる人間にとっては、空気と同じようにほとんど意識されない。実は国体というものは、その中でしか生きることは許されないのに、本人は強制力としては意識しない。意識するのは非常に少数の者だけ、これがつまり、先ほど言った「主義者」（社会主義者―引用者）ということになる。とくに「主義」を持つものとして目立つので主義者といわれる。国民大多数は、強制力として意識しない。しかし、その人の思考の幅と深さは、客観的にいえば非常に大きなわくがある。思想家や哲学者も、わくの中でとんだりはねたりしているにすぎないのですが、明治時代には、つまり運動場が、割合に広かったことと、わくがわくとして意識されなかったために、主観的には自由感があった。(「思想と政治」、『集7』57)

「空気」とは、そこから脱却することが不可能な絶対的な枠であるにもかかわらず、意識されることがない枠である。意識されることがないということは、政治的対立を超越していることによる。「空気」の中の世界は非政治の世界である。「天皇制は、一貫して自己をひとつの実体的なイデオロギーと同視することを避け、それによって、あらゆる政治的イデオロギーに対する優越性を固持し、かつ、それを包容した」のである(『座談4』60)。

具体的内容をもつ特定の「実体的なイデオロギー」のありかたを「固体」と表現し、そのような実体性をもたないありかたを「気体」と表現している。天皇制、国体は敗戦まで基本的に「気体」性を保持していたとし、大正後半以降一部の知識階級をとらえた社会主義思想は、国体の「空気」の「気体」性のうちに包容しえないところの「固体」としてとらえられていたとしている。

日本帝国で、「アカ」（社会主義―引用者）に浸透された部分というものは、その最盛期でも全体からみれば話にならないほど少なかったにもかかわらず、思想問題が朝野を震撼するほど大きな事件として受けとられたということは、逆にいえば、国体的正統性による見えない強制力が、したがって実質的な思想の画一化が、それまでどんなに支配していたかということを証明しております。（「思想と政治」、『集7』57）

国体の「気体」性とは、限界内の一切を包容しようとする志向と、包容を断念させる限界外のものに対する排除志向との結合である。あらゆるものを包容しようとするが故に、包容しえないものの出現による衝撃、包容しえないものへの憎悪は大きいのである。

「内容的価値」と「私的利害」

丸山において、この包容志向と排除志向との結合している構造は、「内容的価値」と「私的利害」との関係構造に照応していると考えられている。欧米諸国においては思想、信仰、道徳という「内容的価値」は私的領域に、国家秩序の保持という外的、技術的形式は国家権力に割当てられたが、日本においては「明治以後の近代国家の形成過程に於て嘗《かつ》てこのような国家主権の技術的、中立的性格を表明しようとしなかった。その結果、日本の国家主義は内容的価値の実体たることにどこまでも自己の支配根拠を置こうとした」、としている。他方国家に対峙する私人の側には、国家から独立した「内容的価値」を創出する主体性は承認されず、「内容的価値」の一切は国体から「流出」するものとされる。「内容的価値」においては国家権力の側が私的領域の側を全面的に支配するのである。しかしこの全面的支配はその裏面として、「国家的なるものの内部へ、私的利害が無制限に侵入する結果」をともなっているとしている（「超国家主義の論理と心理」、『集3』46）。私的領域が「内容的価値」を奪われた代償として、物質的、快楽的、世俗的欲望としての「私的利害」が公共的な国家性の内実を充すことになるのである。包容志向は個人における「私的利害」を包容しようとし、排除志向は個人における「内容的価値」を排除しようとする構造になっているのである。

> 社会的底辺における非政治化（「醇風美俗」の本源地としての名望家秩序とそれを保証する地方自治制）、および頂点の超政治化（あらゆる政治的対立からの天皇及び天皇の官吏の超越）を体制的安定の支柱として来た日本帝国においては、およそ即自的な調和（和の精神）を破る政治的イデオロギー的分化自体が危険視される傾向が強い。
> （「現代政治の思想と行動第一部　追記および補註」、『集6』56）

「社会的底辺における非政治化」とは、「内容的価値」としての政治の根絶であり、「頂点の超政治化」とは、「内容的価値」の独占による、「内容的価値」における「政治的対立」からの超越である。「内容的価値」における「政治的イデオロギー的分化」による抗争は「危険視」されるが、「私的利害」における抗争は否定されていないのである。「ちょうど遊星が太陽の光りをうけて光るように、天皇に近いものほど天皇の性格を分けもつことになり、天皇制に直結する官僚は全体を代表することになります。それはパブリックなものを代表し、すべての政治的対立を超越している」(『座談4』60)。「内容的価値」の独占によって、「パブリックなもの」となりうるのであり、官僚も、天皇から「流出」する「パブリックなもの」を分有することになるのである。

「内容的価値」の独占による戦前日本の統治を、丸山は「官憲主義」と呼んでいる。「官憲主義」について、民衆は劣等で、政府によって指導、統治されなければ立ち行かないという前提があり、政府は「あらゆる党派的利害から超越した公平無私な存在である」とし、政府に対する民衆の服従のありかたは、「権力的支配に対する服従よりも、むしろその世話やき的な指導に対する黙従に近い」とし、「黙従に甘んじない異端分子に対しては、非常にあらわな裸の暴力をもって臨む」としている(「八・一五と五・一九」、『集8』60)。政府と民衆との権力的対立の顕在化は抑止され、包容と排除とが結合しているのである。

天皇制＝国体の相似三角形

近代化、産業化の進行によって都市、農村に多様な目的、機能をもつ無数の社会集団が出現したが、「これらの集団や組織は目的の多様性にもかかわらず、その内部の人間関係と組織法則が二つの『モデル』の結合——上からの官僚制の『下降』と下からの家および村共同体の『上昇』——によって成立していたという面では大同小異であり、極言すればそこにあったのは大小無数の相似三角形の集積にほかならなかった。一君万民の天皇制的な集中は、まさに機能において多様な、しかし忠誠パターンにおいては著しく劃一《かくいつ》的な、そうした社会的媒体の存在によって、あたかも多元的価値や複数集団への忠誠の分割であるかのような外貌を呈しながら、進行したわけである」、としている（「忠誠と反逆」、『集8』60）。近代化が多様な機能集団に国民を分割することにより、天皇制＝国体も集団ごとに分割され、それぞれの集団内部は二つの「モデル」の結合という同様な構造をもった。「上からの官僚制」は主として排除の役割を、「下からの家および村共同体」は主として包容の役割を担っていると思われる。天皇制下における多様な目的、機能をもつ集団の出現自体が国体による包容としてとらえられる。さらに丸山は次のように展開している。

古い型の解体から生じた混沌は、社会生活と文化活動における型の生長によってではなくて、天皇制という国家体制のワクをはめることで収拾されたのである。ごくスイーピングにいえば、それは頂点では江戸時代における藩の家産官僚制的モメントを全国大に拡大し、これを底辺における持続的な「いえ」と「むら」共同体原理と直接にリンクさせた体制である。したがって、家産官僚制的組織化と、いえ及び部落共同体が打ち出した行動様式は、明治近代国家に近代的変容を経ながら受けつがれ、その限りでの「型」は相続されたが、頂点と底辺の間の広大な中間領域――つまりこれが社会生活と文化活動が営まれる場であるが――においては、近代化にともなう「型」の崩壊はひたすら進行するばかりであった。……一見整然とした国家体制の内面にはいたるところ野放しのアナーキー、社会的=倫理的だけでなく、文化的アナーキーがとうとうと浸潤していたのである。……明治以後の社会において「自由競争」とはジャングルの法則が支配する世界――ラッシュアワーの世界であり、そこから個人を守る社会的堡塁は、自治都市もギルドも教会もクラブもサロンも――つまり前近代的な中間勢力も近代的な自発集団も――、急激な上からの資本主義化の前には、ほとんど存在しないか、存在しても無力だった。(『講義6』66)

前述の二つの「モデル」(官僚制と共同体)を除いては一切の型が崩壊し、個人は社会的、文化的アナーキーのうちにおいて原子化し、孤立しているのである。しかしこのことは、個人にとって官僚制と共同体からなる天皇制＝国体が唯一の依存すべき秩序としてあるということでもある。

ナショナリズムの変容

明治前半期のナショナリズムが日清戦争後から大きく変容してきていることを指摘している。前半期には民主主義の主体がナショナリズムの主体でもあったが、「官憲主義」が民主主義に代って、ナショナリズムを主導していくようになり、国民は上からのナショナリズムに「黙従」していったとしている。政府、軍部が主導する帝国主義的な対外的勝利、領土の膨脹へとナショナリズムの視野が集中していき、戦争勝利、国際的地位の向上という栄光への陶酔に国民は埋没していったとしている。「国民においてネーションへの忠誠が国内面において受動的＝静態的な性格を濃くしていったのと反比例して、ダイナミックな側面は日本の対外的な『発展』と『膨脹』活動への歓呼に発揮されるようになった」、としている（「忠誠と反逆」、『集8』60）。

さらに、「国家主義と俗物的な功利主義というものとが、相並行して明治の社会に成長しつつある。……例えば二十年代に現われた二葉亭の『浮雲』の中には、本田という社会的順応力の強い立身出世主義の権化のような男が出て来ますが、明治時代の鋳出した人間類型のなかにはまがいもなく本田的俗物主義が見られ、それが儒教的規範からの人間解放、の現実的な結果であったのであります。一般的に国民的な自覚といわれるものの実体は、むしろ或る意味においては衝動の解放であった。つまり対外的な勝利から来るところの陶酔というものが、同時に内部的には本能的感覚的な衝動の解放を伴っている、という事が重要なのであります」、としている（「明治国家の思想」、『集4』49）。国際社会における地位向上志向と国内での立身出世志向のうちに、個人の内面によって媒介されない、他人志向型の受動的衝動が通底しているとされている。自由な主体性をもちえないことからくる自我の非充足感に対する、国際的地位向上、立身出世による補償であり、近代日本における個人の解放はこのような方向において実現されたとしているのである。

以上のようなナショナリズムの変容の基底をなす思想として、弱肉強食、優勝劣敗の自然淘汰を主張する進化論、人間及び世界を直接的に物質としてとらえ、人間主体の思想、意志、行動の物質からの独立、自由を考慮しない「素朴唯物論」を指摘し、さらにそこに通底する傾向としての、自然、本能、感覚、快楽の重視を指摘している（同）。また個人の内面によって媒介されて、普遍的なもの、超越的なものを志向し、自国と他国とを、この普遍的、超越的なものによって比較、検討していく態度が、日本のナショナリズムにおいて欠如しており、それ故日本のナショナリズムは脆弱であるとしている（「普遍の意識欠く日本の思想」、『集16』64）。

次に、丸山によってとらえられた反体制の側面における変容について述べる。丸山は明治後半期の体制、反体制をめぐる思想状況について次のように述べている。

反体制の変容

徳富蘇峰がさきにのべた言葉を用いるならば、「非戦論」的社会主義（あるいはキリスト教）と「無戦論」的個人主義とはともに、正統的な忠君愛国主義のイデオローグからは、程度の差こそあれ御叱りを受ける「風潮」であり、そのかぎりで相互に近い。しかし自我の内面における忠誠構造からいうと、非戦論者の「志士仁人」は無関心派と鋭く切れて、むしろある種の主戦論者（たとえば山路愛山や『日本新聞』同人など）に近く位置するのである。……雪嶺は、「事大主義は危険思想と孰れぞ」（想痕、所収）のなかでこういっている。「個人として世界の人類と共にすべく、国家の範域に跼蹐《きよくせき》するは過去の遺物にして、新時代の新人が旧時代の旧人と態度を異にするは、順序の然るべき所」というような「個人（または世界）主義者」の考え方は「一見、唯我独尊にして、反事大の如く」みえるけれども、それはただ「新時代の旧時代に代るべきを認め、之に従ふを利益ありとする」か、あるいは「単に欧米の或る部分に行はるゝといふ故を以て之を唱ふる」にすぎず、実は「醇乎として醇なる事大主義」にほかならない。これに反して、「幸徳は忠君愛国者が無政府主義者に変ぜし者、更に無政府主義より忠君愛国に変ずるの有り得べき事なりき。無政府（主義）者たるの間の危険なれど、徒らに強者に媚び、強国の強者に媚ぶるに比して如何に有るべき。……」。……雪嶺は幸徳を、彼自らと同じ「熱国家」の陣営に入れ、一見相反する御用的忠君愛国主義者と、頽唐《たいとう》的個人（世界）主義者とのうちに基本的には共通するコンフォーミズムの根を認めたのである。（「忠誠と反逆」、『集8』60）

ここで体制・反体制、反動・進歩といった理念の内容、方向自体と、理念と状況とを自我が、両者に対する距離感、緊張をもって関係づけているか否かということが区別されている。理念の内容においては、山路《やまじ》愛山、『日本新聞』同人及び「御用的忠君愛国主義者」は、非戦論者の「志士仁人」及び「個人（または世界）主義者」と対立し、距離感、緊張をもつ関係づけをもっているか否かにおいては、それをもつ山路愛山、『日本新聞』同人及び非戦論者の「志士仁人」は、それをもたない「御用的忠君愛国主義者」及び「個人（または世界）主義者」と対立する。この区別は明治において存在していたが、大正デモクラシー以降の反体制運動において後者は消滅し、距離感、緊張をもつ関係づけは失われ、前者のみが存続していくようになるとしている。民本主義、社会主義、マルクス主義等において、理念の知識が自我によって距離感、緊張をもって状況に関係づけられることはなく、その知識自体が自己目的化されているとしている（この自我の理念への一体化を丸山は「理論信仰」と名づけている）。またその知識が西欧からの輸入であったため、知識の自己目的化は西欧の自己目的化になり、反体制陣営におけるナショナリズムの問題の放棄、個人が国家、民族を超えて無媒介に世界と結びつくインターナショナリズム（「世界主義」）の発生をもたらしたとしている。

他方、反体制運動は、運動の基礎をなす被指導層として想定された労働者においては、「アノミィ的状況を基礎とした激情の爆発」、運動のムード的応援団としての青年、学生においては、「内面的な被縛感をぬぎすてた裸の感性的な自我の『解放』」として発現し、また運動指導者である「志士仁人」においても同様な情動、気分は共有されていた。また、反体制の情動は日常的には抑圧され、「すねもの」意識や「ひがみ根性」、職場の人間関係における怨恨として発現した（同）。このありかたと、日本的抵抗のモデルである、上からの官僚支配に対する部落共同体の反抗とは、日常的耐忍と非日常的爆発、規範、秩序形成力の欠如とを共有しているとしている。以上においては、前述の場合（自我の理念への一体化）とは異なり、自我が自己を抑圧している状況のうちに埋没していることが洞察されているのである。状況に距離を置きつつ、理念を設定していくこと（理念への被縛感）が欠如しているのである（このありかたは、丸山が「実感信仰」と名づけているもの、自分の実感に対し距離を置いてとらえようとせず、物神化している文学者のありかたの構造である）。

高山樗牛等の日本主義

以上述べてきた体制の変容、反体制の変容の帰結として、体制、反体制双方からの隠退としてのアパシーがある。ナショナリズムからこのアパシーに変質していく転換点としての明治三〇年代の高山樗牛《たかやまちょぎゅう》等の日本主義について次のように述べている。

この日本主義においては、前に羯南《かつなん》等の唱えた日本主義というものと本質的に性格が異りまして、最早《もはや》下からの要請というものは全くといってよいほど消え失せて、逆に上からの国家主義が露骨に前面に出ている。例えば天皇を絶対主権者として神格化したり、思想・言論・大学の自由という様なものは頭から否定したり、それから植民地台湾に対する徹底した帝国主義政策を唱道したりしている。一般に前代の日本主義にあったような弱者に対する同情、ことに労働者に対する同情が全く消え失せて、国内的にも国際的にも弱肉強食、優勝劣敗、つまり、一種のダーウィニズムというものが赤裸々に説かれているというような点で、まさに二十年代の日本主義というものと質的に性格を違えているのであります。しかもその根本的な考え方において非常に本能的、感覚的になっているということが興味深いのであります。前の二十年代の日本主義というものは非常に理想主義的であったのに対して、むしろ素朴唯物論的であって、個人的にも国家的にも感覚的な衝動の解放という要素が相当露骨に表面化している。つまり国家における権力意志の肯定と並行して、個人における感覚的な快楽の解放ということが唱えられる訳であります。しかも樗牛はこの日本主義を唱えてから二、三年経って途端に『美的生活論』を説いて、今度は純粋なというか、むしろ全く本能的な個人主義、本能的な生活を讃美するところの本能主義というものに動いてしまう。こういうところにやはり日清戦争以後の時代思潮が非常にはっきり現われているのであります。日清戦争後は、国民的自覚が高まった時代というふうに普通いわれておりますが、しかしその国民的自覚というものの内容が、むしろ感覚的な衝動の解放というような意味を帯びていたのでありまして、同時にこの頃から、近代的な個人主義と異った、非政治的な個人主義、政治的なものから逃避する、或は国家的なものから逃避する個人主義思潮が、つまり政治的な自由主義でなく、むしろ「頽廃」を内に蔵した様な個人主義が日清戦争以後急速に蔓延して来たということは、非常に興味深いのであります。（「明治国家の思想」、『集4』49）

日清戦争後におけるナショナリズムの変容は「素朴唯物論的」基礎の上に、感覚的、本能的な衝動の解放をともなっていたのであり、そこから政治、国家から逃避する個人主義が出現するとしている。高山樗牛はこのプロセスの象徴的人物とされているのである。さらに丸山は、本能の「露骨なる描写」を志向する自然主義文学、描く対象を私的な生活、心境に狭く限定する私小説をこのプロセスの延長上に位置づけている。

白樺派　国家、社会、家からの自立をめざした白樺派についても、状況（国家、社会、家）に理念を対置し、自我が理念と状況とを制御するのではなく、全面的に状況から離脱しようとする無視の態度、規範意識の薄弱さをみている。明治天皇の死、乃木大将の殉死に対する彼等の冷淡な態度と、漱石、鷗外における、距離を置きつつ深い帰属意識を表明したありかたを対比し、後者のもつ国家、社会への帰属意識、規範意識の方に高い評価を与えている。白樺派の出現の背景として、前述した、「政治的装置」としての国家、天皇制から共同体的なそれ（「空気」としての国体）への変容を指摘している。白樺派は国体を外的な強制力として意識せずに国体の内部に安住し、しかも国体から脱却していると思いこんでいるとしているのである。

さらに漱石の『それから』の主人公代助、『草枕』の主人公も現実から隠遁する別のタイプ（「高等遊民」）としてとらえられている。

以上のような、文学者によって表現、創出された人間類型を私化（政治的権威に無関心で、それから離反し、かつ結社形成の参画に消極的）、ないし原子化（政治的権威を衝動的に憧憬し、それに接近し、かつ結社結成の参画に消極的）としてとらえ、日清戦争後から出現し始め、日露戦争後に激増するタイプとしている。また原子化よりも私化の傾向の方が強いとしている。ヨーロッパにおいては大衆社会の段階に至って登場する私化、原子化が日本においては極めて早熟的に出現しているとしている（「個人析出のさまざまなパターン」、『集9』68）。

超国家主義

「重臣リベラリズム」からの脱却

丸山は昭和二一年（一九四六）三月頃、戦前、戦中期の超国家主義を鋭利に分析した「超国家主義の論理と心理」（同年五月の『世界』に発表）を執筆したが、この執筆において、「敗戦後、半年も思い悩んだ揚句《あげく》、私は天皇制が日本人の自由な人格形成――自らの良心に従って判断し行動し、その結果にたいして自ら責任を負う人間、つまり『甘え』に依存するのと反対の行動様式をもった人間類型の形成――にとって致命的な障害をなしている、という帰結にようやく到達したのである」としている。また、「論文の一行一行が、私にとってはつい昨日までの自分にたいする必死の説得だったのである。私の近代天皇制にたいするコミットメントはそれほど深かったのであり、天皇制の『呪力からの解放』はそれほど私にとって容易ならぬ課題であった」、としている。それまでの丸山は、「軍部ファシズム対天皇を囲繞《いにょう》するいわゆる重臣リベラリズムの対抗、という図式」を保持し、後者によって支えられている明治以来の立憲主義的天皇制を支持していたのである（「昭和天皇をめぐるきれぎれの回想」、『集15』89）。すなわちこの論文において、今まで分離、対立していた立憲主義的天皇制と超国家主義とが結合し、連続的なものとしてとらえられるようになったのである。立憲主義的天皇制は、前述した、超国家主義の前提としての体制の変容としてとらえなおされるようになったのである。

　明治期の国家、社会は近代的であり、自由であったとし、昭和戦前期の超国家主義は全く異質なものとする津田左右吉《そうきち》等の「明治的な知識人」は「重臣リベラリズム」と同質であり、これらの人々の世界は、「一般国民の生活を規定している『思想』からは遠くかけへだたっていて、国民生活そのものの近代化の程度との間に非常な不均衡があった」としている。後者の「一般国民の生活」において超国家主義の前提は進行し、前者の知識人、リベラリズムの世界は「リベラルだがデモクラティックではない」、一部上層の浮きあがった世界にすぎなかったとしている（『座談1』49）。

天皇機関説事件も、上層官僚の世界（「重臣リベラリズム」、「明治的な知識人」と同質）のみで通用していた機関説と、超国家主義の前提としての体制の変容において形成され、大多数の国民に教えこまれていった国体観との潜在化していた対立が超国家主義運動の高揚のなかで顕在化し、前者が葬られたものとしている（『座談6』66）。

明治国家と超国家主義との連続性

超国家主義と既成社会との連続性を主張している。「日本では下からのファシズム革命を要せずして、明治以来の絶対主義的＝寡頭的体制がそのままファシズム体制へと移行しえたのであります。ナチスは天下をとると社会主義政党はもとより、中央党その他一切の既成議会勢力を一掃した。ところが日本では、これまでヘゲモニーをとっていた勢力が一掃されて新しい勢力が登場したのではなくして、旧来の勢力は大体ずるずるべったりに、ファシズム体制の中に吸収されていった。……どこからファッショ時代になったかはっきりいえない。一歩一歩漸進的にファシズム体制が明治憲法の定めた国家体制の枠の中で完成して行った。日本の既成政党はファッショ化の動向と徹底的に戦う気力も意志もなく、むしろある場合には有力に、ファシズムを推進する役割を果していたのであります」、としている（「日本ファシズムの思想と運動」、『集3』48）。

超国家主義を推進した右翼団体、革新将校について、前者における「親分子分的組織」、両者の構成員のパーソナリティーにおける前近代性、非合理性（「幕末浪人的類型」）を指摘している（同）。また超国家主義がもつイデオロギー、精神傾向は、明治以来の忠君愛国教育によって組織的に注入され、極めて少数のキリスト者、社会主義者を除いて、国民全体において保持されてきたものであったと指摘している。いずれの指摘も、前述した体制の変容の延長上に超国家主義を位置づけているのである。

ファシズム一般の性質ではなく、日本のファシズムである超国家主義の特質として、家族主義的国家観と農本主義を指摘している。前者は、日本の国家を家族の延長としてとらえ、家長としての天皇、総本家としての皇室、及び赤子《せきし》としての国民によって国家が構成されるとする。後者は都市、商工業よりも農村、農業を重視し、地方農村の自治を主張する。この両者も体制の変容の延長上にとらえられている。

丸山は、ファシズム一般の担い手として想定される中間層を、第一グループ（「小工場主、町工場の親方、土建請負業者、小売商店の店主、大工棟梁、小地主、乃至《ないし》自作農上層、学校教員、殊に小学校・青年学校の教員、村役場の吏員・役員、その他一般の下級官吏、僧侶、神官」）と第二グループ（「都市におけるサラリーマン階級、いわゆる文化人乃至ジャーナリスト、その他自由知識職業者〈教授とか弁護士とか〉及び学生層」）に区分し、超国家主義の担い手を第一グループとしている。第一グループの知識、教養、文化（「講談社文化」）は第二グループのそれ（「岩波文化」）に比べ低俗であり、両者の水準は隔絶しており、第一グループが配下の勤労大衆との間に著しい連続性があり、「大衆の言葉と、感情と、倫理とを自らの肉体をもって知って」おり、彼等と生活を共にし、彼等を直接掌握しているのに対し、第二グループは第一グループ及びその配下の勤労大衆から精神的にも生活的にも浮き上っており、孤立しているとしている（同）。第一グループは第二グループよりもはるかに前述の体制の変容に順応し、変容を推進しており、また家族主義的国家観、農本主義とも親和的なのである。

権力行動の肥大化

丸山においてとらえられた超国家主義の核心として、内面において自己の責任を追及すべき主体的倫理が喪失され、倫理が外面的なものとなり、権力追求を擁護し、権力行動が肥大化するという構造を指摘することができる。主体的倫理の喪失の方をみてみよう。軍国支配者のありかたとして既成事実への屈服と権限への逃避を指摘している。前者は、「既に現実が形成せられたということがそれを結局において是認する根拠となる」ということである。「ここで『現実』というものは常に作り出されつつあるもの或は作り出され行くものと考えられないで、作り出されてしまったこと、いな、さらにはっきりいえばどこからか起って来たものと考えられている」のである。「現実はつねに未来への主体的形成ではなく過去から流れて来た盲目的な必然性として捉えられる」のである。後者は、自己の行動が責任を問われる場合、自分の主体的判断によってではなく、官吏、軍人としての権限、義務としてそのように行動せざるをえなかったと責任を免れることであり、また天皇の権威に連なる自己の権限の絶対化に依拠して、権力、利害を追求することである（「軍国支配者の精神形態」、『集4』49）。自己及び他者の制御を超越したものとして、前者においては既成事実に、後者においては権限に依存し、それらを制御しなければならない主体的倫理は喪失されているのである。天皇制が個人における主体的倫理の形成を圧殺しているとする丸山の主張はこのような構造をもっているのである（『座談2』52）。

権力行動の肥大化の方をみてみよう。「国家主権が倫理性と実力性の究極的源泉であり両者の即自的統一である処では、倫理の内面化が行われぬために、それは絶えず権力化への衝動を持っている。倫理は個性の奥深き処から呼びかけずして却って直ちに外的な衝動として押し迫る」、「純粋な内面的な倫理は絶えず『無力』を宣告され、しかも無力なるが故に無価値とされる。無力ということは物理的に人を動かす力がないという事であり、それは倫理なり理想なりの本質上然るのである。しかるに倫理がその内容的価値に於てでなくむしろその実力性に於て、言い換えればそれが権力的背景を持つかどうかによって評価される傾向があるのは畢竟、倫理の究極の座が国家的なるものにあるからにほかならない」、としている。またさらに、「こうして倫理が権力化されると同時に、権力もまた絶えず倫理的なるものによって中和されつつ現われる。公然たるマキャヴェリズムの宣言、小市民的道徳の大胆な蹂躙《じゅうりん》の言葉は未だ嘗てこの国の政治家の口から洩れたためしはなかった。政治的権力がその基礎を究極の倫理的実体に仰いでいる限り、政治の持つ悪魔的性格は、それとして率直に承認されえないのである」、としている（「超国家主義の論理と心理」、『集3』46）。倫理が内面における倫理として自立せず、権力も外界において自立せず、外面化された倫理は権力に協賛するのである。

ただ、ここで注意すべきことは、天皇制が、まさにキリスト教とか儒教とか一定のドグマによる基礎づけを避けたところに現われているような「プラグマティック」な機会主義的性格ですね。それと、天皇を頂点とする権力体系の持続そのこと自体を至上目的とし、それ以上の、権力の正当性を問うことをタブーとしたということ、その二つの性格は、さきほどのべた反動の思想的性格にまさに対応していますね。しかも、ドグマによる基礎づけを排したことは、血統主義の反面でもあるわけで、したがって、天皇制国家をこえた普遍的な価値基準によって自らが裁かれるということを認めないからして、ファシズムへの適応性をかなり高度にもっていたといわざるをえない。「良きをとり悪しきをすてて」（明治天皇御製「よきをとり　あしきをすてて　とつくににおとらぬ国に　なすよしもがな」）で、状況の都合によって近代的な思想も、制度もとり入れはしますけれども、良き悪しきの判断基準は普遍的理念ではなくて権力体系そのものの中にある。その点やはり反動への傾斜性がつよかったといえるのじゃないですか。（『座談6』66）

ここで「反動」といわれているものについて、「自己または自己集団の勢力増殖自体が目的化し、イデオロギーや世界観はその目的に都合がいいかぎり、なんでも動員してくる。その意味で、思想的には極度にオポチュニスティックで、俗流的意味で『プラグマティック』な性格をもっているのが反動の『本質』」であるとしている（同）。純粋の「反動」において、イデオロギーや世界観は「勢力増殖」のための手段であり、それらが「勢力増殖」を根拠づけたり、動機づけたりしているわけではない。超国家主義においても権力の増大が目的となっており、「反動」としての性格を強くもっているが、権力追求の根拠、動機を、「血統主義」における「究極的実体」のうちに求めていくという点で純粋の「反動」とは異なっている。「各々の寡頭勢力が、被規定的意識しか持たぬ個人より成り立っていると同時に、その勢力自体が、究極的権力となりえずして究極的実体への依存の下に、しかも各々それへの近接を主張しつつ併存するという事態」を指摘している（「超国家主義の論理と心理」、『集3』46）。

「究極的実体」

「究極的実体」について次のように述べている。

> 天皇は万世一系の皇統を承け、皇祖皇宗の遺訓によって統治する。欽定憲法は天皇の主体的製作ではなく、まさに「統治の洪範を紹述」したものとされる。かくて天皇も亦、無限の古にさかのぼる伝統の権威を背後に負っているのである。天皇の存在はこうした祖宗の伝統と不可分であり、皇祖皇宗もろとも一体となってはじめて上に述べたような内容的価値の絶対的体現と考えられる。天皇を中心とし、それからのさまざまの距離に於て万民が翼賛するという事態を一つの同心円で表現するならば、その中心は点ではなくして実はこれを垂直に貫く一つの縦軸にほかならぬ。そうして中心からの価値の無限の流出は、縦軸の無限性（天壌無窮の皇運）によって担

保されているのである。（「超国家主義の論理と心理」、『集3』46）

「究極的実体」とは、「万世一系の皇統」、「無限の古にさかのぼる伝統の権威」、「天壌無窮の皇運」であり、全ての国民のみならず、天皇もここから価値を与えられ、これに依拠して権力を追求し、行使するのである。超国家主義は、権力追求の根拠、動機を自己以外に求めることをしない、自立した「反動」であるドイツナチズムとは異なるのである。

抑圧の移譲　「究極的実体」に依拠した権力行使は次のような「抑圧の移譲」というありかたをとる。「こうした自由なる主体的意識が存せず、各人が行動の制約を自らの良心のうちに持たずして、より上級の者（従って究極的価値に近いもの）の存在によって規定されていることからして、独裁観念にかわって抑圧の移譲による精神的均衡の保持とでもいうべき現象が発生する。上からの圧迫感を下への恣意の発揮によって順次に移譲して行く事によって全体のバランスが維持されている体系である」（「超国家主義の論理と心理」、『集3』46）。

この抑圧移譲は、封建社会の身分階層制においてすでに存在していたものが、明治以降の階層構造においても存続してきたのであるが、超国家主義におけるその顕著化を丸山は指摘している。超国家主義においては、集団、個人が、「究極的権威への直結によって価値づけられている結果、自己を究極的実体に合一化しようとする衝動を絶えず内包している」としている。天皇の統帥権に直結していることに依拠して、他を圧倒しようとした軍部のありかた、抑圧移譲が典型的にみられた軍隊内の階層制を指摘している。さらに、抑圧移譲の国際的延長、すなわち欧米からの圧迫をアジア諸国に移譲していくことが明治以来存続し、昭和戦前期において顕著化したこと、国内における抑圧移譲の底辺に位置し、国内には移譲すべき階層をもたない民衆、一般兵隊において抑圧が対外硬論、戦場における蛮行としてアジア諸国及びその民衆に移譲されたことを指摘している（同）。

超国家主義における抑圧移譲と表裏をなすものとして、上位者が下位者によって逆におびやかされる下剋上《げこくじょう》を指摘している。抑圧移譲が上位から下位に向うのに対し、下剋上はその補償として下位から上位へ逆流する。下剋上が、抑圧移譲の国際化としての、底辺民衆における排外主義の高揚と動機、エネルギーを同じくし、促進しあっていることを指摘している。「抑圧委譲原理（委譲は移譲と同意味で使われている—引用者）の行われている世界ではヒエラルヒーの最下位に位置する民衆の不満はもはや委譲すべき場所がないから必然に外に向けられる。非民主主義国の民衆が狂熱的な排外主義のとりこになり易いゆえんである。日常の生活的な不満までが挙げて排外主義と戦争待望の気分のなかに注ぎこまれる。かくして支配層は不満の逆流を防止するために自らそうした傾向を煽りながら、却って危機的段階において、そうした無責任な『世論』に屈従して政策決定の自主性を失ってしまうのである。日本において軍内部の『下剋上』的傾向、これと結びついた無法者の跳梁が軍縮問題と満州問題という国際的な契機から激化して行ったことは偶然ではないのである」、としている（「軍国支配者の精神形態」、『集4』49）。

以上の、権力行動が肥大化した抑圧移譲のシステムにおける三つの政治的人間の類型を抽出している。

神輿、役人、無法者

一は「神輿《みこし》」であり、二は「役人」であり、三は「無法者」（或は「浪人」）である。神輿は「権威」を、役人は「権力」を、浪人は「暴力」をそれぞれ代表する。国家秩序における地位と合法的権力からいえば「神輿」は最上に位し、「無法者」は最下位に位置する。しかしこの体系の行動の端緒は最下位の「無法者」から発して漸次上昇する。「神輿」はしばしば単なるロボットであり、「無為にして化する」。「神輿」を直接「擁」して実権をふるうのは文武の役人であり、彼等は「神輿」から下降する正統性を権力の基礎として無力な人民を支配するが、他方無法者に対してはどこか尻尾をつかまえられていて引きまわされる。しかし無法者もべつに本気で「権力への意思」

を持っているのではない。彼はただ下にいて無責任に暴れて世間を驚かせ快哉を叫べば満足するのである。(「軍国支配者の精神形態」、『集4』49)

神輿は「究極的実体」と権力行動、抑圧移譲のシステムとの媒介者であり、自らは権威であって、権力を行使しない。まさしく担《かつ》がれるのである。最高、最大の神輿は天皇であるが、各集団に小天皇としての神輿がある。役人は抑圧移譲システムを構成する者であり、権力を行使し、抑圧を移譲する。役人は、「天皇の臣下であるという臣下意識」、「自分が政治的な最高の責任者でなく、天皇を輔弼する臣にすぎない、という意識」をもっており、「究極的実体」から一方的に規定される存在なのである(「日本支配層の戦争責任」、『集別』56)。また、有害な結果を招いた行動については、その行動を官制上の義務的行為とし、必要な行動をとらなかった場合については、官制上における権限外の行為とすることによって、他から責任を追及されることを回避するとともに、自己の内面における倫理上の責任をも免除するという、役人における「権限への逃避」を指摘している(「軍国支配者の精神形態」、『集4』49)。さらに役人において、厳密な組織、権限に依拠しているかのようにみえながら、「決断主体(責任の帰属)を明確化することを避け」るありかた、「『もちつもたれつ』の曖昧な行為連関(神《み》輿《こし》担《かつ》ぎに象徴される!)を好む行動様式」が支配的であったとしている（「日本の思想」、『集7』57）。

無法者は下剋上、排外主義の起動者であるが、その行動は一貫した思想、計画的な方針から出てくるものではなく、すなわち国体の限界外の、排除されるべき「固体」ではなく、限界内の一切を包容しようとする「気体」としての国体のうちで我がままに暴れまわる赤子の行為として許容されなければならないのである。

戦後民主主義

八・一五の決意

次に、太平洋戦争敗戦による超国家主義の崩壊後、占領軍の主導によって進められた戦後民主主義改革に対する丸山のとらえかたをみてみよう。丸山は、知識人が職業の違いを超えて知的共同体を構成しているという意識が高まった時期として、第一に明治前半期、第二に社会主義（アナルコ・サンジカリズム、マルクス主義）が知識人をとらえた一九二〇年代、三〇年代、第三に敗戦直後の時期をあげている。敗戦直後は、明治後半期以降における体制の変容（反体制の変容をも含めて）の帰結としての超国家主義を否定するものとして、明治前半期の可能性を新たにとらえなおして実現するものとしてとらえられている。敗戦直後の知識人について次のように述べている。

「（占領軍によって―引用者）配給された自由」を自発的なものに転化するためには、日本国家と同様に、自分たちも、知識人としての新らしいスタートをきらねばならない、という彼等の決意の底には、将来への希望のよろこびと過去への悔恨とが――つまり解放感と自責感とが――わかち難くブレンドして流れていたのです。私は妙な言葉ですが仮りにこれを「悔恨共同体の形成」と名付けるのです。つまり戦争直後の知識人に共通して流れていた感情は、それぞれの立場における、またそれぞれの領域における「自己批判」です。（「近代日本の知識人」、『集10』77）

超国家主義との闘争において知識人は敗北したという悔恨であり、丸山自身の悔恨である。「日本軍国主義に終止符が打たれた八・一五の日はまた同時に、超国家主義の全体系の基盤たる国体がその絶対性を喪失し、今や始めて自由なる主体となった日本国民にその運命を委ねた日でもあったのである」（「超国家主義の論理と心理」、『集3』46）。敗戦から七箇月後に書かれたこの文において、「自由なる主体となるべき」と書くべきところを、「なった」と断定的に書いているところに丸山の願望がみえるのである。

民主主義とナショナリズム

敗戦直後に丸山は超国家主義の分析の論文と、明治前半期における民主主義とナショナリズムの結合の可能性を検討した、福沢諭吉、自由民権運動、陸羯南《くがかつなん》についての論文とをたてつづけに発表している。この発表のありかたにも、丸山における明治前半期、超国家主義、戦後民主主義の連関構造が現われている。後に次のように述べている。「けっして戦後、ナショナリズムぬきで普遍民主主義だけをいわなかったつもりです。敗戦直後の時期に『中央公論』に書いた「陸羯南」(正確には「陸羯南――人と思想」―引用者)のなかでも、今後の日本の課題は羯南らが中途半端にしかやらなかったナショナリズムと民主主義との結合の道を歩む以外にないと書いています」(『座談6』66)。

超国家主義の基盤である「伝統的ナショナリズム感情」(家族や村落への帰属意識、封建的忠誠、家父長的忠誠を基礎にした、国家への帰属感情)は敗戦によって「その古巣へ、つまり社会構造の底辺をなす家族・村落・地方的小集団のなかに還流」し、分散的に潜在しているとし、それは「そのままの形では決して民主革命と結合した新しいナショナリズムの支柱とはなりえない」とし、「なぜなら、まさにその醱酵《はっこう》地である強靭な同族団的な社会構成とそのイデオロギーの破壊を通じてのみ、日本社会の根底からの民主化が可能になるからである」としている。さらに、「伝統的ナショナリズムが非政治的な日常現象のなかに微分化されて棲息しうるということ自体、戦後日本の民主化が高々、国家機構の制度的＝法的な変革にとどまっていて、社会構造や国民の生活様式にまで浸透せず、いわんや国民の精神構造の内面的変革には到っていないことをなにより証明している。『デモクラシー』が高尚な理論や有難い説教である間は、それは依然として舶来品であり、ナショナリズムとの内面的結合は望むべくもない。それが達成されるためには、やや奇矯な表現ではあるが、ナショナリズムの合理化と比例してデモクラシーの非合理化が行われねばならぬ」、としている（「日本におけるナショナリズム」、『集5』51）。民主主義とナショナリズムとの、相互に変革しあうことによる連関の形成が志向されているのである。

このような志向の文脈において、サンフランシスコ講和条約問題における全面講和の主張、米ソ両陣営に属さない中立論、六〇年安保問題における新安保条約反対という丸山の主張を位置づけている。

自由主義的な知識人や非共産主義的な労働運動ないしは社会主義政党の内部（丸山自身をここに位置づけている—引用者）からも、日本の国際的安全の確保と新憲法の理想の貫徹との調和を二つの世界からの中立という立場に求めようという動向が有力に台頭した。これはとくに講和問題にからんで、全面講和の要求と結びついて現われている。それは表面的には共産党の指導する平和運動と全面講和の主張とまぎらわしい形で現われているが、後者がいわゆるプロレタリア国際主義の立場に立って向ソ一辺倒の色彩が強いのに対し、前者のグループはいわゆる単独講和とアメリカへの軍事基地提供によって決定的に一方の世界に所属し、他方の世界と断絶することが戦争の危険を激化するだけでなく、日本の窮局〔極〕の政治的＝経済的＝思想的独立を危くするという見地に立つもので、その基底にはインドのネルーや西欧の社会主義政党の動きに見られるのと相似た第三勢力への願望が流れている。その限りにおいて、そこには新たなナショナリズムの動きが看取されるのである。……そこには米ソいずれの支配下に立つことをも欲しない多数の民衆の素朴なしかし偽りない感情が投影されている。（「戦後日本のナショナリズムの一般的考察」、『集5』51）

この民衆の感情は、「総司令部および占領軍に対して漸次高まって来た国民の不満」によって強められ、六〇年安保問題における広範な反対運動につながっていくととらえられているのである（同）。

戦後日本への批判

以上のような戦後日本の可能性への希望、その実現への決意と表裏する、戦後日本への批判がある。戦後、天皇制の規制が解除され、

一応の民主化、自由化が実現されたことによる最大の変化の一つとして、滅私奉公に代って、「私化」した態度が正統性を獲得したことを指摘している（「個人析出のさまざまなパターン」、『集9』68）。さらに戦後の大衆は「私化」にも安住できず、カリスマ的権威を求める「原子化」も強まっているととらえていると考えられる。「日本はサムライの衰滅とともに名誉感は失われて行ったが、戦後の平等社会は急速に有名性の価値をのし上げ、いまや『名誉』の意味さえ理解されないようになった。名声や功名がもっぱら他人の評価に依存するのにたいし、名誉はヨリ個人に内面化された価値である。……マス・コミによってつくられる『有名性』が、圧倒的に人々のあこがれの対象となるのは、画一化社会にふさわしい現象だ」、としている（『自己内対話』）。「原子化」における権威（「有名性」）への崇拝である。

この「私化」、「原子化」における、主体的な民主主義への志向の衰弱が保守勢力の操作によって拡大し、深刻化しているとみている。例えば、直接的には政治的意味をもたない復古的なシンボルの復活が企図されていることを指摘している（「村のお祭りとか、神社信

仰の復活」。「修身、道徳教育の復活」。「芸術娯楽面における復古調、たとえば生花、茶の湯からはじまって、歌舞伎、浪花節に至るまでいろいろあります」)。「戦後の民主主義運動、大衆を政治的に下から組織化していく運動に対する鎮静剤、睡眠剤として、非常に大きく役立つ……。大衆の関心を狭い私的なサークルのなかにとじこめ、非政治的にすることによって逆説的に政治的効果をもつ」、としている(「現代政治の思想と行動第一部　追記および補註」、『集6』56)。丸山において、大衆の「私化」、「原子化」への傾斜はとどめようがない深刻な傾向としてうけとめられているのである。

　早くも昭和二〇年(一九四五)一一月、次のように書いている。「デモクラシーが生々した精神原理たるためには、それが絶えず内面から更新され、批判されなければならぬ。デモクラシーがかうした内面性を欠くとき、それは一つのドグマ、教義として固化する。かくてそれはファシズムへの最も峻厳な対立点を喪失する。現代日本はデモクラシーが至上命令として教典化される危険が多分に存する。それはやがて恐るべき反動を準備するだらう。デモクラシーは決して理想乃至《ないし》善の代名詞ではない。一切の政治制度がしかる如く、デモクラシーは国民的統一意思を作り出すための一つの技術的手段であり、それは他の手段に比して相対的な優越性をもつにとゞまる。それを社会的万能薬のごとく振りまはす結果は、やがて民衆をして深刻な幻滅に追ひ込み、かくして反動勢力に絶好の乗ずべき機会を提供することになる」(『自己内対話』)。この予感は的中したというべきであろう。「デモクラシー」を始めとする、理念における「ドグマ」化、「教典化」と、「私化」、「原子化」とは相互に促進しあっているのである。

「悔恨共同体」への批判

この予感は昭和五二年(一九七七)の次の文章と照応する。「それにしても知的共同体の第三のエポック(敗戦直後の、知識人による職業の違いを超えた知的共同体の構成—引用者)が『悔恨共同体』として成立した、ということころにまさにその限界があったことは否定すべくもありません。全体の傾向としては、戦争体験が風化するように、『悔恨』もまた時の流れの経過によって風化を免れなかったからです。これは戦争責任問題がうやむやになったこと、『戦犯』として一たび追放された指導者たちの各領域における返り咲き、『民主主義』が否定の情熱を失って、理念や運動であるよりは、法律制度の中にビルト・インされた何ものかへと変貌したこと—そうした戦後の歴史過程に見合っております」(「近代日本の知識人」、『集10』77)。戦後知識人の脆弱さは、出発点における「悔恨共同体」への精神的依存から始まって、戦後民主主義の全過程にわたっているとみているのである。昭和五二年の時点での丸山の「悔恨共同体」というネーミングには自己批判、自己否定とともに、戦後に対する空虚感がこめられているのである。

「悔恨共同体」批判は、日本共産党員における、戦前の転向、運動からの離脱に対する悔恨にも適用される。「ひとたびコミュニズムの運動から離脱した知識人は、それだけ戦後の悔恨が強く、『背教』をもっぱら自分の弱さに帰する傾向がありました。……そうした罪意識が『今度こそはふたたび党を棄てる過ちを冒すまい』という決意を支えるというところまで亢進すると、それはたとえ党組織の官僚性とか中央部の方針とかに懐疑的になった場合でも、自分を抑制して無条件に上部の方針に服従する傾向を再生産するようになります。知識人党員のコンフォーミスト的な行動のかげには、とくに戦前派の場合、こうした過去の経験から骨身に染みたモラリズムがあったのです」、としている。悔恨、罪意識は過剰な「モラリズム」、政治行動における主体性の喪失をもたらしたとしている。敗戦直後の知識人の多くにみられた、「共産党への過剰なまでの同伴者的心理」の背後にも「自責あるいは悔恨感情」をみているのである（同）。

近代ヨーロッパとその破綻

近代ヨーロッパ

「近代主義」 丸山真男は大塚久雄等とともに「近代主義」者といわれる。この「近代主義」とは、西欧近代のありかたを理念上の基準として、前近代的、非近代的な日本のありかたを批判し、変革しようとするありかたである。「近代主義」者は、戦後民主主義を主張、推進した社会科学者に多く、社会主義、共産主義からはその変革、実践への姿勢の不充分さを批判され、戦後民主主義の行きづまり、高度成長以後の大衆社会化状況のなかでは、土着主義、反近代主義、ポストモダンから批判された。「近代主義」という名称には、時代遅れになった西欧近代にしがみついているという揶揄《やゆ》、批判がこめられている。この「近代主義」批判に対して丸山は真向から反論している。

明治以降、日本はかなりウェスタナイズされています。これだけウェスタナイズされた日本で、戦争中にあんなに荒唐無稽な考えが権力と結んでひろがると、どうしてあんなに無抵抗だったのか。たとえば天皇機関説など多年だれも疑うものがなかったのに、天皇が機関とは何ごとだと、一度反対されると、だれも公には抗弁できなかったのです。その理由はよくわかりませんが、日本の知性は魔術的なタブーの前に実にもろい。そういったマーギッシュな考えを我々の下意識の世界から追放しなければならない。それは大変な問題です。僕がそういうと、「近代主義」といわれます。しかし僕は、そういった「近代化」のみが「永久革命」に価すると思う。社会主義が永久革命だなんてとんでもない。それは歴史的状況のもとにおける体制にすぎない。僕がいったような、普遍的なものへのコミットだとか、人間は人間として生まれたことに価値があり、どんなに賤しくても同じ人は二人とない、そうした個性の究極的価値という考え方に立って、政治・社会のもろもろの運動・制度を、それを目安にして批判してゆくことが「永久革命」なのです。それが僕の考えです。(「普遍の意識欠く日本の思想」、『集16』64)

「近代化」を「永久革命」として自分の思想の中心に位置づけている。また「近代化」

のうちに、「普遍的なものへのコミット」への志向、「個性の究極的価値」への志向を見出している。さらに次のようにも答えている。

おまえはヨーロッパの過去を理念化してそれを普遍化している、と言われたら、わたしは、まったくそのとおりと言うほかない。他の文化に普遍性がないというんじゃもちろんないですよ。ただ、わたしの思想のなかにヨーロッパ文化の抽象化があるということを承認します。わたしは、それは人類普遍の遺産だと思います。固くそう信じています。もっともっと学びたい。……

過去のなにかを理念化するのがいけないというのなら、いっさいの思想形成自体が不可能になっちゃう。手品師じゃあるまいし、そんな何もないところからパッととり出すオリジナリティなんてものは、にせものにきまってますよ。そういう意味で、わたしがヨーロッパ思想史や文化史からわたしなりに最大に学んできたことをすこしも否定しません。同様に、中国の勉強から学んで、判断の軸をつくったっていいじゃありませんか。(『座談7』67)

ヨーロッパの思想、文化、とりわけ近代ヨーロッパの思想、文化を理念化し、普遍性を抽出してくることを自分の学問の根幹としている。そのような意味での「近代主義」を、批判者とは逆に、真向から肯定しているのである。以下、丸山においてとらえられた近代ヨーロッパの思想をみてみよう。

ヨーロッパの古代

丸山はヨーロッパの社会、思想において古代と中世との間に大きな変化を認めている。

(古代ギリシアの—引用者) ポリスを担っている市民というものは、アリストテレスの言葉にもあるように、政治的人間（ゾーン・ポリティコン）としてしか考えられない。つまり公民としての人間しかないので、私人というものは存在しないたてまえになっている。したがって人間の社会行動というものは、その意味ですべて政治的行動なわけです。だからポリスの制度というものは、いろいろな社会制度と区別された意味での政治制度じゃなしに、政治制度すなわち社会制度であり、人間のほとんどすべての社会関係を包括するものであるということが、大ざっぱにいえばいえるのじゃないかと思うのです。それが中世になってくずれてきて、統治機構というものを社会というものから区別するようになってきた。つまり政治団体というものはいろいろな社会団体のなかの一つの団体にすぎないことになったわけです。その意味では、国家と区別された意味での社会という観念はポリスの崩壊とともに始まったのじゃないかと思うのです。むろんこの社会の中身は中世と近世とでは非常に違う。しかし社会という範疇と、国家あるいは統治機構とをハッキリ区別する伝統はずっと近代に受けつがれて、近代政治学の上でも公理になっています。(『座談4』60)

古代と中世以降とを区別している。中世以降近代までは、国家、統治機構と社会とが分化してきているとして、連続的にとらえられている。古代について、道徳、経済等の価値が政治秩序から独立せず、それに従属しているととらえているのである。

ヨーロッパの中世

中世を起動させていった契機として、身分、職能、地域社会の各レベルにおける自主的、独立的集団の発生、及びキリスト教への信仰の広範化、深化に着目していると考えられる。社会は、前者の自主的集団によって構成されることにおいて、国家、統治機構から分化してくる。中世貴族における、「身分への教育」において培養された「名誉感」、「義務意識」を、自尊心、主体性としてとらえている。中世職人における「特権」、「仕事への誇り」、「排他的閉鎖的性格」、「一定のしつけによる行動様式の陶冶」を同様なものとしてとらえている(『自己内対話』)。

イギリスについて、近代化が最も早く、最も深く広範に進行したにもかかわらず、近代化に随伴する個人主義、及びそれにともなう、観念と、実在としての唯物論的世界とを分離する唯名論的傾向がイギリスにおいて定着しなかったことを指摘している。このことと、イギリスにおける中世的自主的集団の後々までの存続、それにともなう、イギリス人の精神における社会の比重の大きさとが照応しているとしている（同）。

後者のキリスト教の契機については、アリストテレス哲学、ストア哲学に由来する自然法思想を受容したカトリシズム、トーマス主義が中世の法、政治秩序と一体化し、そのイデオロギー的支柱になるという秩序への志向、及び、与件としての政治秩序を批判する自然法に依拠するところの、また内面における唯一神への信仰、結びつきに依拠するところの、世俗秩序に対する抵抗への志向がある。自然法は、秩序への志向においては内在として、抵抗への志向においては超越として、両義的にとらえられているのである。秩序への志向について、「神が己の創造した世界秩序に対して絶対超越性を有することは基督《キリスト》教的世界観に共通の認識であるが、アリストテレス哲学に依拠する中世神学に於ては自然と超自然とは連続的関係に於て把握され、世界秩序はその肢体の隅々まで神的理性の刻印を受け、それ自身のうちに善性を内在した有機体と観念され、全ての人間はその理性的行為を通じて神の恩寵行為に協力するものと考えられる。要するにそこでは彼岸的な神と此岸的な世界は必然的内面的牽連《けんれん》を有していた」、としている（「近世日本政治思想における『自然』と『作為』」、『集2』41)。抵抗への志向については、キリスト教における内面的な信仰としてのヘブライズムに由来する、神の主権、自由を絶対化し、世界、真理、道徳から超越させていく方向(トーマス主義から離反し、近代的思惟のうちに入っていくドゥンス・スコトゥス、ウィリアム・オッカム、カルヴァン、デカルトの系譜)と結びついていくとみていると考えられる。キリスト教において、両志向は統合されているとともに、同時に抵抗への志向が、神の絶対化への方向において、また人間の主権、自由の強化の方向において、統合から分裂してきているのである。

二つの民主主義

丸山は、今日の西欧の民主主義は、二つの系譜の民主主義が一九世紀後半に合流し、妥協してできたものであるとしている。第一の系譜は、古代ギリシアのポリスの民主政治に由来する民主主義であり、公共事に参加する市民の範囲の拡大、参与する公共事の範囲の拡大、公共事への参与の方法の多様化(選挙権だけでなく、リコール制とか、人民発議権とか、方法を多様化する)を求める。直接民主制、人民主権、人民が革命権をもつことが志向される。ルソー、ジャコバン主義がこの民主主義の思想的代表であり、社会主義における民主主義、人民民主主義もこれに属す(「民主主義の歴史的背景」、『集8』59)。前述した中世の抵抗への志向における、神を絶対化し、世界から超越させていく方向と結びついているものとしてとらえられていると考えられる。

第二の系譜は、前述した、中世における自主的集団の基盤、キリスト教における秩序への志向、抵抗への志向の基盤において形成されてきているものである。この系譜について、「ストアから中世に至る自然法思想や中世に由来する立憲主義的伝統（人権の保障を宣言し、権力分立を原理とする統治機構を定めた憲法を制定し、その憲法に従って統治するありかた―引用者）が基礎となる。権力が単一主体に集中したり、ヨリ上級の規範によって拘束されないという事態になると、本来よい目的をもった権力でも濫用されたり害を生ずる、という考え方が中核をなす。……その由来を問えば、本来 aristocratic なもので、封建貴族、自治都市、教会、地方団体等が自分たちの身分的特権を王の恣意的権力行使から守ろうとしたところに端を発している。しかし、ここからも、特権は自然法によっているという理由のもとに、自然法に反する君主の権力行使には反抗する権利がある、という身分的立場からの抵抗権の主張が生まれた」、としている。「権力と自由、国家と社会の間の二元論」に立ち、「権力の分割、その間の相互の牽制と均衡」を志向し、「具体的な執行・命令に対する一般的・抽象的な法の優位（法による権力の抑止―引用者）、および権力の犯し得ない人間の『自然的』な権利を認めようとする」ところの「法の支配 Rule of Law」を志向しているとしている（同）。自主的集団における権利、独立を保持するために法の支配、権力分立、抵抗権が主張され、自然法はその根拠としてとらえられているのである。

近現代において第一の系譜は、革命の可能性を潜在させた民主主義、実質的に直接民主主義化しようとする人民民主主義、社会における全ての問題を政府が解決しようとする大きな政府、社会主義への志向、目標を実現しようとする積極的自由への志向（〜への自由）として現われ、第二の系譜は、政府、権力から個人、共同体、社会の側を防衛する抵抗の思想、消極的自由への志向（〜からの自由）、小さな政府を志向する自由主義、既存の組織、価値を保持しようとする保守主義として現われているととらえられている。二〇世紀における社会主義への志向、傾斜において後者は前者のうちに止揚、解消されていくという見解を丸山は否定し、両者の関係、緊張は「依然として現代のアポリア」であるとしている（「忠誠と反逆」、『集8』60）。

中世及び宗教改革の時期における抵抗権の理論においては、抵抗の具体的な主体とその身分的基盤があり、抵抗の行動の手続きも具体的に規定されていたが、フランス革命憲法においてその内容が一般的、抽象的な「人民」の抵抗権に変貌したことによって、かえって実質的に空虚になってしまったことを指摘している（同）。近代におけるこの変貌を、具体的身分、集団に依拠した抵抗から、依拠すべき身分、集団を喪失していることによって観念的になりがちな体制の革命への変質としてとらえている。

自由な主体

丸山において、近代ヨーロッパにおいては第一の系譜の民主主義が、キリスト教における秩序への志向と抵抗への志向の統合のうちから分裂してくる神の絶対化、人間の主体化の方向と促進しあうことによって、近代民主主義の中心になっていったととらえられている。この中心になっていった民主主義の根底の枠組が社会契約である。社会契約とは、普遍的理性をもつ自由な主体が共同して、フィクションである制度を創作することである。

まず自由な主体に対するみかたをみてみよう。自由な主体を、キリスト教における統合のうちから分裂してくる人間の主体化のうちにとらえている。キリスト教は、人間は、悪をなしうる自由のうちにあり、その自由において苦悩、緊張に満ちた孤独な決断をしなければならないとする。善も悪も自己の自由な責任としてあるのである（『講義6』66）。丸山は、キリスト教におけるこのような人間のありかたから近代ヨーロッパにおける自由な主体としての人間が形成されていったとみている。

ヨーロッパに於て精神と自然が、一は内的なる主観として一は外的なる客観として対立したのは、まぎれもなくルネッサンス以後の最も重大な意識の革命であった。古代に於ても中世に於ても夫々異った形態に於てではあるが、両者は相互に移入し合った。ここで基底となっていたのは、アリストテレスの質料―形相の階層的論理であった。そうして、それは同時に、スコラ哲学に於て社会的秩序の位階制を基礎づける論理でもあったのである。近世の自然観は、このアリストテレス的価値序列を打破して、自然からあらゆる内在的価値を奪い、之を純粋な機械的自然として――従って量的な、「記号」に還元しうる関係として――把握することによって、完成した。しかも価値的なものが客体的な自然から排除される過程は、同時に之を主体的精神が独占的に吸収する過程でもあった。自然を精神から完全に疎外し、之に外部的客観性を承認することが同時に、精神が社会的位階への内在から脱出して主体的な独立性を自覚する契機となったのである。ニュートン力学に結晶した近代自然科学のめざましい勃興は、デカルト以後の強烈な主体的理性の覚醒によって裏うちされていたのである。(「福沢に於ける『実学』の転回」、『集3』47)

古代、中世においては人間が自然、社会のうちに帰属し、人間の精神をも包摂した世界(自然と社会)は価値の階層秩序を構成していた。近代において神の絶対化は人間の主体化を推進し、人間の精神は自然、社会から分離、独立し、価値の起源、創作者である主観として、客観としての自然、社会を改変、操作しうることになったのである。人間が主観、精神になることと、自然、社会が客観、対象になることとは相互促進的である。

近代国家を志向するナショナリズムは、自然的な感情である家族愛、郷土愛の延長ではなく、主体による自覚的な決断、自己決定であるとしている。前近代の知識人が、正統的な世界解釈の供給者、権威として、国家、社会の身分、制度のうちに帰属していたのに対し、近代の知識人は、供給者、権威としての役割、身分、制度への帰属から解放され、自由な知識人、主体として活動するようになったと指摘している。

フィクションとしての制度

次に、主体によって創作される、フィクションとしての制度に対するみかたをみてみよう。自由な人間主体とその営為の原像である、デカルトにおける神と神が創造する世界との関係についてのとらえかたをみてみよう。

デカルトの神は「無限独立にして最高の叡智と力をもった実体」で、それは万物の創造主たるにとどまらず、一切の道徳規範の、進んでは自然法則の源泉であった。彼によれば一切の善悪真偽は神の決断によってはじめて定まったものであり、従って神はそうした価値の実質的内容に対して全く無差別（indifferent）の立場にある。神がもし欲したならば、現在善であり正義であり真理であるとされている事と全く反対のことをも然《し》か定めえた筈《はず》である。それ自身に自然的に存在するイデーを神が実現するのではない。神は己れの内になんらの可能性を蔵せざる現実的実在である。この現実在としての神が全能の主権者として、無よりして価値秩序を作為する。（「近世日本政治思想における『自然』と『作為』」、『集2』41）

神が製作する「万物」、「価値」、「道徳規範」、「自然法則」は、神のうちに「自然的に存在するイデー」、神に内在する「可能性」が実現されたものではない。神の創造、決断によって無から発生したものである。フィクションとは根底的には、決断によって無から発生したものである。「『フィクション』を信ずる精神の根底にあるのは、なにより人間の知性的な製作活動に、従ってまたその結果としての製作物に対して、自然的実在よりも高い価値評価を与えて行く態度だといえるだろう。……自然的感覚的実在性を全く持たず、もっぱら人間がある目的意識に従って純観念的に案出したものは最もフィクションらしいフィクション」である、としている（「肉体文学から肉体政治まで」、『集4』49）。「自然的実在」、「自然的感覚的実在性」から脱却していることがフィクションの根底のありかたなのである。

社会契約ということをフィクションとしてとらえ、また社会契約説を「ノミナリズムの嫡子」としている（同）。「ノミナリズム」（唯名論）は、実在するのは個々の物だけであり、普遍概念は個物の後にできた一般的な名前にすぎないとするが、この普遍概念をフィクション、契約としてとらえているのである。前近代社会では人間は伝統、儀礼、慣習のうちに解体されており、それらの規範は客観的対象として析出しないのに対して、近代社会ではフィクション、契約としての法、組織が析出する。

近代国家においては、政府、公的権力は、真理とか道徳とかの「内容的価値」に関しては中立の立場をとり、そうした価値の選択、判断は私的集団、私人に委ね、政府、公的権力の守備範囲は、「内容的価値」を捨象した残余としての形式的、技術的、法的な面、公的秩序の保持という外面に限定されることになった。内容、内面、私的なものに対置されている形式、外面、公的なものの抽出、それへの守備範囲の限定はフィクションとしての制度としてとらえられていると考えられる。

前近代の学問が伝統、習慣、日常生活に従属し、それらの必要に応じるものであり、日常的な経験の蓄積、経験から来る「勘」が重視されたのに対し、近代の学問は、日常的な実用性から脱却し、抽象性を獲得することにより、逆に日常生活を合理的、計画的にとらえなおし、変革していくとしている（『座談1』、47）。近代の学問におけるこの抽象性の獲得もフィクションとしてとらえられていると考えられる。

主体と制度との緊張関係

自由な主体による、フィクションとしての制度の創作において、制度が、国家理性、ナショナリズム、及びそれを支える組織、制度、法、政治的技術として具体化されるのに対して、主体は、さまざまな欲望、自由への欲求、共同への欲求、良心をもつ人間として具体化される。

国家権力は宗教的＝道徳的＝習俗的制約――一言にしていえば政治外的制約から独立して、自己の固有の存在根拠と行動原理とを自覚した。これが即ち近世における国家理性《レーゾン・デタ》のイデオロギーである。宗教改革が教権の世俗的支配に抗して、クリスト教的信仰の彼岸性と内面性を強調したさしあたりの結果は、世俗権力の大っぴらな自己主張として現われたのである。……

宗教改革は恩寵の律法に対する優位を強調し、個人の良心の道徳的優越を強調したため、それは、その最初の主張者の意図にかかわりなく伝統的な政治的秩序に対する批判的精神を喚起する結果となった。プロテスタンティズムが若い産業ブルジョアジーに担われて思想・信仰・言論の自由等基本的人権獲得のための血みどろの闘争をいたるところに惹起《じゃっき》したことは改めて説くまでもなかろう。そうして中世の自然法論はモナルコマキを経て人民主権論に基く啓蒙的自然法に展開して行った。それは十八世紀以後、とくに大陸においては、クリスト教的な色彩を漸次洗い落して、所謂《いわゆる》俗的自然法（Das profane Naturrecht）として発展したけれども、ロックを通じてアメリカ独立宣言に流れ込んで行った契約説がピューリタン的信仰に深く底礎されていることは周知の事実であり、革命は地上におけるアピールの手段を奪われた植民地人民の神へのアピールとして肯定されたのである。そうして平等な成員の自発的結社（voluntary association）としての教会と、権力と服従の強制組織（compulsory organization）としての国家を鋭く区別し、後者を止むをえざる害悪とするロージャー・ウィリアムスらの思想こそは、国家と社会の二元論に基いて権力を不断にコントロールする必要を説く自由主義国家観の原型となったのである……。（「権力と道徳」、『集4』50）

個人の内面、良心と国家理性との関係は、「平等な成員の自発的結社としての教会」と「権力と服従の強制組織としての国家」との関係、社会と国家との関係であり、この関係は近代の始めから矛盾、衝突、緊張をはらんでいたのである。また丸山が、近代民主主義の中心である、人民主権を志向する民主主義（前述の第一の系譜）、「啓蒙的自然法」、「俗的自然法」よりもむしろ、前述の第二の系譜の民主主義に近い、「ロージャー・ウィリアムスらの思想」、「自由主義国家観」の方により着目していることが注意される。後者の方が主体と制度との緊張関係により自覚的であることに着目していると考えられる。さらにヨーロッパの国家には、「フィクションと生の現実との間の鋭い分離と緊張の自覚」から、フィクションとしての制度は、人間主体における「生の充溢《じゅういつ》」を支配しえないし、支配すべきでないという感覚が存在していたとしている（「日本の思想」、『集7』57）。

主体と制度との離反

「近代国家の発展とともに政治的支配は経済的生産から抽象・分離され、政治権力はその独自の組織と構成をもつようになった。……近代ブルジョアジーの表象においては政治権力は国家権力として物神化し、他の社会的勢力配置は逆に市民社会の『私的《プライヴェット》』な相互作用（自由市場における交換関係）のなかに解消している」、としている（「政治権力の諸問題」、『集6』57）。フィクションとしての制度である「国家権力」は、一切の人間の手の届かないところのものとして物神化し、人間主体は、「自由市場」における欲望主体として物神化し、主体がフィクションを創作するという関係は失われ、相互に離反してきているのである。

万人の万人に対する戦争である自然状態から、専制王政の社会状態への移行を主張したホッブズと、議会制民主主義の社会状態への移行を主張したロックとの丸山の比較に、この主体と制度との離反の問題が潜在しているように思われる。ホッブズにおいて自由とは、欲望の追求に対する障害がないことであり、専制王政から与えられる制度による社会状態への移行は自由の喪失である。ロックにおいて自由とは、理性によって判断し、理性によって自己に規範を与えることである。主体的に規範を獲得することによって自由になるとしているのである。自らが立法する議会制民主主義とは自由の拡大なのである。そもそもロックにおいては、自然状態の人間の欲望も、神から与えられた規範を含んでおり、社会状態との違いは比較的の差に過ぎないのである。以上、ホッブズにおいて社会状態における主体は極小化し、主体と制度とは離反しているのに対し、ロックにおいては主体は制度を製作し、主体と制度は相互に依拠しあっているのである（「ジョン・ロックと近代政治原理」、『集4』49）。

近代ヨーロッパの破綻

大衆社会

前述したように（本書「超国家主義の前提——体制と反体制の変容」の節の末尾）、日本においては早熟的に日清戦争後から出現し始め、ヨーロッパにおいては大衆社会の段階に至って登場する私化、原子化は、図4に示したように、丸山の論文「個人析出のさまざまなパターン」（『集9』68）において、近代化の進行による個人析出の類型として統一的に理解されているものである。図における水平軸は、個人が政治的権威の中心に対していだく距離感（右、求心的は、権威を追求、憧憬する。左、遠心的は、権威に無関心で、離反する）を示し、垂直軸は、政治目的のみならずさまざまな目的を達成するために、他者と連帯し、結社を形成する志向の程度（上は程度が大、下は程度が小）

を示している。ヨーロッパの大衆社会に出現する、私化し、原子化した大衆は非結社形成的であり、非結社形成的であることは、主体と制度との離反である（これに対し、結社形成的であることは、主体が共同して、制度を創作することである）。それ故大衆社会は、近代ヨーロッパの根底をなす、主体による制度の創作という構造を喪失しているのであり、近代ヨーロッパの破綻としてとらえることができる。

大衆社会の私化として、「自由の私化」、「政治の私化」を指摘している。「自由の私化」とは、「狭い日常生活、とくにその消費面への配慮と享受に市民の関心が集中し、そうした私生活の享受が、社会的政治的関心にまで高められない状態、またはそうした上昇をチェックしようとする動向」である（「現代政治の思想と行動第一部　追記および補註」、『集6』56）。「政治の私化」とは、政治を私的な興味、嗜好の対象に変質させることである（「政治記事の社会面化」、政治家の「顔と話術の役割の増大」）（『講義3』、60）。いずれも政治に対して遠心的であり、非結社形成的である。しかしこれらの私化が専制的、独裁的な政治

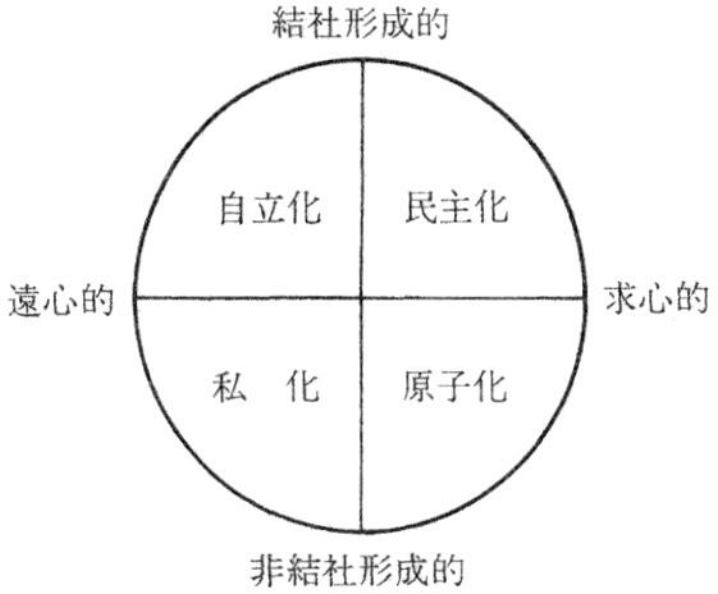

図4　個人析出の類型

権力を歓迎し、補完的な関係を構成することをも指摘している。私化はそのうちに原子化への志向を内蔵しているのである。

また大衆がある程度の生活水準において安定した組織、制度のうちに閉じこめられ、能動性を失っていくこと、及び、マスコミによって無意識的に操作されていることを指摘している。これらのうちには私化と原子化が併存していると考えられる。

アパシー

アパシーとは政治に対する無関心であり、私化の現象である。丸山は比較的早くから、大衆社会の中心的病理現象としてのアパシーを重視している。「自由の私化」、「政治の私化」における私生活の享受、私的な興味への没頭がアパシーに帰結するとしている。組織、制度への内閉による受動化は、仕事の目的、意味には無関心で、ただ狭い自分の担当分野における仕事の能率向上のみをめざす技術、手段の自己目的化をともない、アパシーを産み出す。

マスコミによる、それぞれにおいて刺激の強い、しかし相互に無関連な情報、映像の連続投与により、「刹那々々に外部からの感覚的刺激に受動的に反応することだけに神経をつかってしま」い、一定の事柄について持続的に思考する能力は衰弱し、「知性のコマギレ化」が進み、さらに思考、選択の画一化が進行する（「ファシズムの現代的状況」、『集5』

53)。マスコミによる政治情報の「非政治化」(問題を社会的文脈から切り離し、本質と関係ないエピソード、附随現象を大きく扱う。関連する事象について総合的に報道せず、断片化する。政治家の私生活を好んでとりあげる)は大衆を政治から隔離し、娯楽装置の巨大化は大衆を受動的な享受者にする(「政治学事典執筆項目　政治的無関心」、『集6』54)。以上がアパシーを増大させているとしている。

いうまでもなく現代の政治機構の複雑化とその規模の国際的拡大は大衆の無力感を強める最大の要因となっている。自己の生活に重大な影響をあたえ、場合によっては生死にかかわるような政治的決定がどこか自分たちの手の遠くおよばぬ処で、自分の到底コントロールしえないような何びとかによって、しかも自己の知りえないような複雑なメカニズムを通しておこなわれているという意識が大衆を深く捉えるほど、彼らはどうにも仕方がないという諦観と絶望の中に沈淪《ちんりん》する。……技術文明の発達は権力中枢と個人の日常生活との「空間的」距離を著しく縮めた反面、その間の「心理的」距離はデモクラシーの空虚化とともにますます大きくなっている。したがって現代人のアパシーは伝統型のそれとちがって、政治を風雪雷雨のような一種の自然現象とみなすのではない。政治が人間の統制下にあることは万々《ばんばん》承知しておりながら、しかも政治をコントロールしているのは「我々」でなく「彼ら」だという意識に、そのアパシーは根ざしているのである。伝統型の無関心が政治的無知と相即していたとすれば、現代型アパシーの悲劇性は、まさに「快適になるにはあまりに知りすぎており、役に立つにはあまりに知らなすぎる」（D. Riesman & N. Grazer――文献参照）ところにあるといえよう。それが伝統型のように静的な諦観でなく、焦躁と内憤をこめたいわば動的な無力感であればこそ、時あって非合理的激情として噴出し、いかなる政治的象徴とも無差別に結びつく可能性をはらんでいるのである。（同）

アパシーを促進する基本因である「現代の政治機構の複雑化とその規模の国際的拡大」、「デモクラシーの空虚化」とは、主体と制度との緊張関係において制度が複雑化し、拡大し、主体による把握が不可能になったということである（主体と制度との離反）。しかし同時に、主体であろうとする、原子化した現代人は、無方向な政治衝動にとらわれるのである。

政治化と非政治化

一九世紀的自由主義の理念においては、国家、政府といった政治権力は真・善・美というような内面的価値、文化価値の決定には関与せず、政治による人間活動の拘束を極小化することが志向された。しかし二〇世紀においては政治権力は積極的に内面に介入し、思想、価値観を画一化しようとする。このことを丸山は政治化の拡大、深化としてとらえている。

従来は権力は外面的秩序の安全のみで満足していたが、現代では内面における体制イデオロギーへの同一化、忠誠が要求される。さまざまなレベルにおいて、多様な方法によって忠誠審査、洗脳がなされるとしている。

民主政治における選挙制度等、国民の意志表明の制度の成立は、それらの制度に依拠した容易な民意操縦を可能にする。操縦され、体制に同一化された国民の意志は、制度による正統性の証明を有しているとされ、ますます深く体制に組みこまれていくとしている。

法治国家の官僚における法秩序完全性の思考様式は、完璧主義と結合した合理主義的科学観に基礎づけられ、閉鎖的、静態的な統治システムをつくりあげ、事件や状況に対する対応は全て法規からの論理的演繹として処理される。システムによって対応できないような現実に直面すると、システムの完全充足性が前提されているが故に、内部の均衡に対する外部からの攪乱《じょうらん》としてとらえるとしている。

このような現代の法治国家においては、政治的決断は不要とされ、行政官僚の優位、政治家の官僚化が生じる。重大な決定権をもつ政治的指導者でさえ自分を巨大な歯車の一部としてとらえ、自分の行動が制御しえない客観的な力によって支配されているという感覚が強まり、自己の権力に対する自覚、政治的責任の自覚は失われるとしている。

以上のような政治化と非政治化とが表裏一体の関係にあることについて次のように述べている。

政治化のなかには政治の非政治化という逆説が含まれているのである。古来のユートピアは、人間社会から権力的強制を排除することによって政治を不用にすることをねらってきた。しかしユートピアが行きついた帰結はつねに完全な社会制度の樹立であり、そこでは完全性を確保するために綿密な計画性と私的領域の排除（なぜなら、透視できない部分が残ることは計画の完全性に矛盾するから）が徹底的に貫かれた。体制が完璧になればなるほど個人は体制の受益者化し、受益者化するほどその精神は受動的になり、計画によって措定された職務に釘付けられて、……「ピアノの鍵盤」になる。皮肉にも現代の政治体制は、そのイデオロギー的相違をこえて、ひとしくこのユートピアの論理の途を歩みつつある。（「社会学辞典執筆項目」、『集7』58）

この「完全な社会制度」において、主体は制度によって完全に支配され、制度のうちに埋没しているのである。自らが創作したものに逆に支配されているのである。しかし支配の内実がみえなくなるこの非政治化の完成とは同時に政治化の潜在的完成であり、その潜在化された政治性は、「完全な社会制度」からの逸脱者に対して顕在化する。前述した忠誠審査と表裏をなす、異端者を隔離、抹殺する強制収容所がそれである。政治化の完成とは、主体（政治）によって制度が完全に支配されることであり、非政治化の完成と表裏をなしているのである。強制収容所における残虐行為（政治化の完成）が職務の忠実な遂行（非政治化の完成）としてなされていることはこの表裏一体を明示しているとしている。

「アカハタ」の非合法時代をよむがいい。何というセイサンな世界か。それは終始、シュトルム・ウント・ドラングの連続だ。しかしそれと全く別世界のように、同時に、圧倒的多数の国民の平凡で静かな、「アズ・ユージュアル」の毎日の生活が続いていた。

私が最初に留置場から釈放されて、街灯のついた本郷通りを出たときに私の頭を瞬時にかすめたものは、本富士《もとふじ》署の壁一つへだてた「内」と「外」との二つの世界の極端な対照だった。内では凄惨なゴウモンと悲鳴、外では寮歌のひびきと、バヽナヽ屋が客を呼んでいる陽気な声！（昭和八年四月に唯物論研究会の講演会を丸山が聴いた際、本郷本富士署に検挙、勾留された。――引用者）

一七八九年七月一四日のパリにも、いや、一九一七年冬宮の襲撃の日にも、大多数の市民の生活はアズ・ユージュアルにいとなまれ、市民はいわば「パチンコ」に興じていたのではないか、という私のなかの執拗な固定観念はおそらくここに根ざしている。（『自己内対話』）

「凄惨なゴウモンと悲鳴」の、表面政治化された世界と、「平凡で静かな、『アズ・ユージュアル』の毎日の生活」の、表面非政治化された世界とは表面的には対蹠的《たいせきてき》であるが、いずれにおいても政治化の完成と非政治化の完成とが表裏一体化しているという意味で同様であり、それ故空間において隣接して併存しているのである。

社会主義　丸山は社会主義を、以上述べてきた近代ヨーロッパの破綻に対する対応としてとらえている。社会契約説（ホッブズ、ロック、ルソー）、ドイツ観念論（カント、フィヒテ、シェリング、ヘーゲル）、イギリス古典派経済学（スミス、マルサス、リカード、J・S・ミル）という、近代ヨーロッパの思想的根幹をつくっていった啓蒙思想の正統的後継者として位置づけている。「啓蒙に絶望し、破綻し、その果てのニヒリズムから、一方はキェルケゴール、ニーチェ、他方は社会主義へ進展しているのです。で二つともそのニヒリズム、或は絶望を超克するものとして登場していますね」、とし（「ニーバーについて」、『集4』49）、さらに、「マルクス主義には、政治や権力自体を絶対化する論理というものは本来ないんですね。そういう意味では、マルクス主義というものはリベラリズムをうけついでいて、政治にしろ国家にしろ、それは手段であって、革命を通じてであれ、最後には死滅すべきものだという観念があるわけです」、としている（『座談3』59）。主体と制度との緊張関係のうちに生きてきた「リベラリズム」を承継しているのであり、主体の物神化、制度の物神化からの脱却をめざしているとしているのである。

「原始マルクス主義は人間が市民社会における利己的人間と政治的国家における『公民』とに分裂したことに現代文明の根本的疲弊を見出し、国家と市民社会の分裂を共産主義社会によって止揚することによって、人間の全体性を恢復しようとしたわけです」としている（『座談1』49）。主体と制度との緊張関係、主体と制度との離反という、近代の根本問題に本来のマルクス主義は焦点をあてているとしている。現在のマルクス主義、とりわけ現在の日本のマルクス主義と本来のそれとを区別し、前者には批判的になり、後者には驚くほど高い評価を与えている。

マルクスが疎外からの人間恢復の課題をプロレタリアートに託したとき、プロレタリアートは全体として資本主義社会の住人であるだけでなく、人間性の高貴と尊厳を代表するどころか、かえってそこでの非人間的様相を一身に集めた階級とされた。自己の階級的利益のための闘争が全人類を解放に導くという論理を、個人の悪徳は万人の福祉というブルジョアジーの「予定調和」的論理（市場経済の予定調和―引用者）と区別するものは、ひとえに倒錯した生活形態と価値観によって骨の髄まで冒されているというプロレタリアートの自己意識であり、世界のトータルな変革のパトスはそこに根ざしていたのである。もし「逆さの世界」は敵階級だけの、その支配地域だけの問題とせられ、世界のトータルな変革とは、人間性の高貴と尊厳を――完全にではなくても――すでに代表している己れの世界が、他者としての「逆さの世界」をひたすら圧倒して行く一方的過程としてのみ捉えられるならば、それはマルクスの問題提起の根底にあった論理や世界像とはいちじるしく喰いちがうことはあきらかである。他者を変革する過程を通じて自らもまた変革されるし、されなければならないという痛いまでの自覚にかわって、そこにあるのは現実政治において昔ながらの通念になっている善玉悪玉の二分論と安易な自己正義感にすぎない。社会主義の思想と運動が今日のように発展したことを人類のために祝福する者は、まさにそれゆえに、資本主義世界の内部における運動として出発したものが、その外部に巨大な権力（社会主義国家―

引用者）を築き上げたところから来る問題状況の複雑化について、どんなに鋭い注意と周到な観察を働かせても、しすぎることはないだろう。（「現代における人間と政治」、『集9』61）

近代ヨーロッパ市民社会の倒錯を代表しているプロレタリアートの自己否定によって市民社会全体を変革するというマルクスの論理のうちに、主体を制度が支配するという倒錯からの脱却という、社会契約説以来の志向の発展をみている。政治化の完成と非政治化の完成の表裏一体からの脱却、主体の物神化にも制度の物神化にもおちいらない、主体と制度との弁証法的運動による脱却をみている。A・スミス流の市場の予定調和論のうちに、また、この文章が発表された昭和三六年（一九六一）頃における、社会主義圏と資本主義圏との対抗において前者（「善玉」）が後者（「悪玉」）を「ひたすら圧倒して行く」とする社会主義陣営の論理のうちに、主体と制度との関係における制度の固定化、主体に対する制度の支配を見出しているのである。

現実の社会主義勢力、マルクス主義勢力に対して、敵のイデオロギーへの呪縛による敵の利害への従属を批判するだけでなく、自己のイデオロギーにおける党派的制約を自覚することを求めている。さらに、資本主義、国家の廃止後においても存在する、「猜疑、嫉妬の問題」、「名誉・尊敬とかの価値配分とそれをめぐる抗争の問題」、「宗教のような『聖』価値と他の価値との衝突、聖価値相互の衝突」、「いわゆる『世論』や『慣行』の社会的圧力から、あるいは集団的雰囲気の圧力から個人の独立をいかに保障するか、その制度的保障は何かという問題」に対する永続革命的な自己変革の志向を求めている（『座談6』66）。

ファシズム

ドイツを中心とするファシズムを社会主義同様、近代ヨーロッパの破綻に対する対応、主体に対する制度の支配からの脱却への志向としてとらえている。しかし社会主義が主体と制度との弁証法的運動による脱却を志向しているのに対し、ファシズムは主体の物神化による、制度に対する主体の絶対的支配による脱却を志向し、それ故ファシズムにおいては、制度の主体への従属、一切の制度に対する否定が生じるとしている。

ファシズムの根本的ありかたである、能動的ニヒリズム、及び政治至上主義の基底構造として、この制度の主体への従属、制度に対する否定をとらえているのである。能動的ニヒリズムとは、既存の一切の制度、とりわけ近代ヨーロッパにおいて構築されてきた一切の制度を否定し、破壊しようとする志向である。ファシズムは、近代の破綻への対応において、近代の原理である、主体による制度の創作それ自体を否定する。別の制度を対置することがないのである。「それ（ファシズムによる抑圧―引用者）がなんら積極的な建設や理想目標の達成のための『止むをえぬ害悪』として行われるのではなく、むしろ国内国外の反対勢力の圧服ということ自体が目的化しており、そこから容易にこうした反革命なり戦争なりの組織が組織自体として絶対化されるというニヒリズムが発酵する」、としている（「ファシズムの現代的状況」、『集5』53）。

この能動的ニヒリズムから反理性主義と、社会の強制的同質化が帰結する。前者は、普遍主義的な理性への志向を破壊の目標とすることであり、後者は、特殊主義的なもの、本能的なもの、自然的なもののうちに、すなわち制度的なものの解体のうちに個人を閉じこめようとすることであり、表裏の関係にある。前者として、「大衆の潜在的な創造力や理性的思考力にたいする深い不信と蔑視」、「婦人の社会的活動能力への疑惑」、「進歩の観念にたいするシニカルな否定」、「恒久平和にたいする嘲笑」、「社会科学を無用ないし危険視」することをあげ、後者として、「自国あるいは自民族至上主義的傾向」、「『自然的』優越者の支配という観念（そこから人種的差別論や人間関係の階層的編成への嗜好がうまれる）」、「大衆をもっぱら操縦 manipulation の対象としてとらえ、したがって宣伝煽動はひとえに低劣な欲望の刺戟や感情的なアピールをねらう」こと、「婦人を家庭と育児の仕事へ封じ込める傾向」、「本能・意思・直観・肉体的エネルギー」の重視、「戦争の讃美」、「自然科学、しかももっぱら軍事的な科学技術を『尊重』する傾向」をあげている（「ナショナリズム・軍国主義・ファシズム」、『集6』57）。

この前者と後者についてさらに、「市民の自発的活動の拠点やとりでとなるグループ結成を妨げ、こうして社会的紐帯からきり離されて類型化されたバラバラな個人を『マス』に再組織するという行き方を多かれ少かれ取る」こと、「近代社会の階級構造を根本的には維持しながら、近代の中世に対する最も大きな特色である社会的流動性《モビリティ》をなくして身分的に固定させた」こと、「経済の分野だけでなく教育や文化の領域でも自由競争が廃止されて同様な階層的身分的編成ができ」たことを指摘している（「ファシズムの現代的状況」、『集5』53）。

政治至上主義　ファシズムのもう一つの根本的ありかたである政治至上主義について次のように述べている。

こうした政治における「直観」と「賭け」の要素を絶対化し、自己目的化したのがファシズムのイデオロギーである。「例外状態における決断」（カール・シュミット）をば規範と論理に優越させるのがまさにその「論理」であり、ここにファシズムが原理的に政治至上主義になる所以がある。これと逆に、行動をすべてルールからの演繹のように想定し、決断のモメントを視野からできるだけ排除しようとするところに法治国家的官僚の「合理主義的」思考の典型があることは、かつてK・マンハイムが定式化したとおりである……。ところでそのマンハイムはマルクス・レーニン主義の弁証法的思考の特質をこれから区別して、一方、全体的状況分析における理論的＝主知主義的思考（ファシズムとの差異）をば、他方、革命的実践における非合理的契機の承認（官僚的思考及びブルジョア自由主義的思考との差異）に結びつけるところに見いだしている。（「近代日本の思想と文学」、『集8』59）

ファシズムの政治至上主義は、主体の物神化（「直観」、「賭け」、「決断」の物神化）による、制度の主体への従属であり、法治国家の官僚の法秩序完全性の思考様式における主体の制度への埋没と反対である。さらにこの政治至上主義は、政治的目的への一切の従属である政治的オポチュニズムであるとしている。政治的オポチュニズムにおいても制度（一切）は主体（政治的目的）に従属しているのである。

内面と外面の分離

丸山はファシズム支配下の民衆について二つの分裂を指摘している。第一は、「正統の世界の住人」（A）と「異端もしくは精神的に『外側』にいる人々」（B）との分裂、第二は、「表層のプロパガンダの世界」（C）と「底層で『おのれの安全性のために』これ（プロパガンダ―引用者）に適応する民衆の生活次元」（D）との分裂である。ファシズムに支配され、また適応している民衆はA、Dに位置し、彼等にとってB、Cはともに外部の世界であるという意味では同様である。Aの多数はCのプロパガンダに「行動的に適応した」が、それは内面においてファシストになったのではなく、「おのれの安全性のために」そうしたのであり、自分の固有の内面性、生活感覚（D）は保持された。この生活感覚の実感において、Bあるいは外部からのファシズム批判は、彼等の耳に届いたとしても、「平地（！）に波瀾を起し、徒《いたず》らに事を好むかのような異和感」を生んだとしている（「現代における人間と政治」、『集9』61）。

ドイツ知識人についても、「全体主義の『限界』といわれるものが、裏返せばそのまま、『内面的自由の世界』の『限界』なのであり、両者がいわば相互不可侵の事実上の承認の上に立って同じ社会で共存しうるという証明にすぎない。彼（カール・シュミット―引用者）のいう『抜きがたい個人主義』は、内面性の名において『外部』を、つまり人間関係

（社会）をトータルに政治の世界にあけ渡すことによって、外部の世界の選択を自己の責任から解除してしまった」、としている（同）。

丸山はこのような内面と外面の分離をファシズムの精神的基盤としてとらえている。ファシズムにおける制度の主体への従属とは、内面が外面に対する制御から退却し、外面化が完成した世界における、極小化した制度の極大化した主体への従属である。これが政治化の完成である外面の世界である。しかし外面の世界において残虐行為（政治化の完成）は職務（制度）の忠実な遂行（非政治化の完成）としてなされるのであり、政治化の完成と非政治化の完成とが表裏一体化しているのである。

これに対して内面の世界は表面非政治化の完成のようにみえるが、非政治化の完成と政治化の完成との表裏一体であることを指摘している。「ひとは世間の出来事にひどく敏感であり、それに『気をとられ』ながら、同時にそれはどこまでも『よそ事』なのである。従ってそれは、熱狂したり、憤慨したり適当にバツを合わせたりする対象ではあっても、自分の責任において処理すべき対象とは見られない。……（アパシーは―引用者）しばしば他者を意識した無関心のポーズであり、したがって表面の冷淡のかげには焦躁と内憤を秘めている」、としている（同）。内面の世界への内閉（非政治化）はその裏面に「焦躁と内憤」、「世間の出来事」に対する「敏感」（政治化）を内在させており、しかも「よそ事」としての関心（非政治化と政治化との表裏一体）であり、全体として非政治化の完成と政治化の完成との表裏一体である。

以上、外面の世界、内面の世界の両者において、政治化の完成と非政治化の完成との表裏一体化がみられるのであり、照応する関係をもっているととらえられている。外面の世界の残虐行為は内面の世界の「焦躁と内憤」に照応し（政治化）、外面の世界の職務の忠実な遂行は内面の世界の内閉に照応している（非政治化）。

ロマン主義

丸山は、以上のようなファシズムの世界における内面と外面との分離は現代世界全体における一般的現象であるとした上で、この分離を一八世紀末から一九世紀のロマン主義、さらにキリスト教にまで遡源《そげん》している。

丸山真男なら丸山真男という人間が二人とはこの世にいない、というのが「個性」です。この考えは、淵源となるとキリスト教にまでさかのぼりますが、近代における発生はロマン主義的自我なのです。啓蒙的個人主義の個人は普遍的理性を具えた個人です。ですから、普遍的理性を具えたものとして、全ての人間は平等であるという意識が出てくる。近代的自我というもののなかに、普遍的理性を前提とした平等意識にもとづく個人主義と、個性的個人主義と、そういう二つの要素があるのです。ヨーロッパの近代的自我には、本来こうした必ずしも一致しない二元的な観念がからみ合っていて、それが十九世紀をずっと貫いています。G・ジンメルは「個性」に依拠する個人主義を、「唯一性の個人主義」(Individualismus der Einzigkeit) と呼んでいますが、この流れは、ニーチェの「超人」になったり、いろいろな現われ方をします。それが民族に投射されると、「民族精神」となり、民族的個性の強調になります。……近代ヨーロッパを「近代合理主義」などといって一括するのは、その点だけ見てもたいへん粗雑な考え方です。十九世紀を覆《おお》ったロマン主義思潮はまさに十八世紀的合理主義への反逆だからです。(「『文明論之概略』を読む」、『集14』86)

信仰における神と自己との内面的結合のうちに自己の唯一性を獲得するキリスト教、及び、世俗社会を離脱した自己の個性を追求するロマン主義を、普遍的理性をもつ主体による社会契約を志向する、近代の中心思想としての「啓蒙的個人主義」に対置している。このキリスト教、ロマン主義のうちに、内面と外面との分離を見出しているのである。とりわけ「内面的世界では全き自由、外面的世界では全き隷従」を唱えるルターのうちにその典型を見出している(「断想」、『集6』56)。内面の個性と外界とが分裂するのである。ロマン主義について、「啓蒙的自然法の公式に対する反逆（内面―引用者、以下同）が、いつのまにか自分の眼前にあるいかなる歴史的対象とも安易に自己を同化してしまう（外面）ところに、われわれはロマン主義の宿命を見る。何ものにも囚われまいとすること（内面）は、逆にあらゆるものと無媒介的に結びつくことになる（外面）」、としている（『講義2』49）。

さらに、民主社会における平準化の進展は、「一方における国家権力の集中と、他方における『狭い個人主義』の蔓延という二重進行の形態をとる」とし、「中間諸団体の城塞を失ってダイナミックな社会に放り出された個人は、かえって公事への関与の志向から離れて、日常身辺の営利活動や娯楽に自分の生活領域を局限する傾向がある」とする、一九世紀前半のアメリカ社会の観察にもとづくトクヴィルの指摘内容のうちに、丸山は内面と外面の分離を見出している（「現代における人間と政治」、『集9』61）。近代はその始めから内面と外面の分離を包蔵していたとしているのである。

「原型」・「古層」・「執拗低音」

時間意識

研究の転換

丸山の研究の過程をみてみると、戦中期から戦後直後における、近世、明治期の個別思想家の思想の研究を中心とする思想史研究がまずあり、次いで戦後直後から昭和三三年（一九五八）頃までにおける、超国家主義と戦後民主主義についての政治現状分析がある。さらに三三年前後において転換がある。それまで丸山をとらえて放さなかった超国家主義、戦後民主主義に対して距離を置いてみようとする態度が生じ、それらをより広く日本人の思想、文化のうちにとらえ、さらに、近代日本にまで存続し、記紀神話にまで遡源《そげん》しうる、思想、文化の基底としての「原型」（「古層」、「執拗低音」とも名づけている。基本的に同様の意味であり、丸山は区別しているが、本書でその区別には言及しない）のうちにとらえようとしている。本来の研究である日本思想史研究への単なる回帰ではなく、超国家主義、戦後民主主義を包摂する近代天皇制の解明の課題をも組みこんだ思想史研究が開始されたのである。方法的にも、マルクス主義への依拠、マルクス主義に対する批判の両面をもちつつも、発展史観の枠の内側にあったありかたから、異文化との接触が思想、文化を変化させていく契機をも重視するありかたへの移行がある。この転換の跳躍台となった論文「日本の思想」（昭和三二年）について次のように述べている。

> （論文「日本の思想」において、――引用者）こうして現在からして日本の思想的過去の構造化を試みたことで、はじめて従来より「身軽」になり、これまでいわば背中にズルズルとひきずっていた「伝統」を前に引き据えて、将来に向っての可能性をそのなかから「自由」に探って行ける地点に立ったように思われた。可能性においてとらえるということは、たとえば、完結した思想として、あるいは思想の実践的結果としては「反動」的なもののなかにも「革命的」な契機を、服従の教説のなかにも反逆の契機を、諦観のなかにも能動的契機を、あるいはそれぞれの逆を見出していくような思想史的方法である。（「『日本の思想』あとがき」、『集9』61）

超国家主義、近代天皇制のうちに承継され、帰着してくるとされてきた日本思想の「伝統」を解体し、とらえなおし、過去の歴史において果したありかたとは異なる可能性を含めて、多様な可能性を見出そうとしているのである。以下本章(『原型』・『古層』・『執拗低音』)においては、記紀神話から近代日本まで通底する「原型」についての丸山のとらえかたを考察する。まず時間意識についてみてみよう。

時間の外在化

「原型」における時間意識の中心的ありかたとして、時間の外在化を見出している(時間の外在化については、間宮陽介『丸山真男』筑摩書房、平成一一年から示唆を受けた)。外在化とは、時間を内面から疎外し、内面の外にあるものとしてとらえることである。その結果時間は、人間による操作、支配を受けないものとしての自然現象としてとらえられる。「自然的時間」と「歴史的時間」とを対比し、後者を前者のうちに解消しようとする傾向が、日本の「事実主義・感覚主義」の伝統のうちに根強くあるとしている(『自己内対話』)。

進歩史観と区別された進化論の導入が、この自然現象としての時間の意識においてなされたとしている。

規範としての「復古主義」をなじみにくくする「古層」の構造は、他面で、言葉の厳密な意味での「進歩史観」とも摩擦をおこす。なぜなら、十八世紀の古典的な進歩《イデ・ド・プログレ》の観念は、いわば世俗化された摂理史観であって、その発展段階論は、ある未来の理想社会を目標として、それから逆算されるという性格を多少とも帯びている。進歩史観がどんなに人類の「限りない」進歩を雄弁に語っても、歴史の論理としてはそれは一つの完結した体系として現われるのは、そのためである。ところが「つぎつぎになりゆくいきほひ」の歴史的オプティミズムはどこまでも（生成増殖の）線的《リニアー》な継起であって、ここにはおよそ究極目標などというものはない。まさにそれゆえに、この古層は、進歩とではなくて、生物学をモデルとした無限の適応過程としての――しかも個体の目的意識的行為の産物でない――進化（evolution）の表象とは、奇妙にも相性《あいしょう》が合うことになる。ダーウィニズムが中国においては永遠不易《ふえき》の「道」の伝統の強靭な抵抗に遭遇し、それだけ革命的な役割を担《にな》ったのに対し、日本では明治初期にそれが輸入されると間もなく「進歩」観を併呑して無人の野をゆくように蔓延し、在朝・在野を問わず、国体論者から「主義者」（社会主義者―引用者）までを吸引したという彼我のコントラストを解明する一つの鍵は、おそらく右の点にあるだろう。

（「歴史意識の『古層』」、『集10』72）

自然現象としての時間は、規範、価値基準をもった「復古主義」、「進歩史観」、「摂理史観」、「永遠不易の『道』の伝統」とは衝突し、「生物学をモデルとした」進化論と適合するのである。

時間の外在化からはさらに時間の既成事実化が導出される。全ての現実は、既に完了している過去の出来事であり、そのプロセスは、人間の介入を許さない「なりゆき」としてとらえられる（同）。世の中の大勢、時勢に従って心が移ることは当然とされ、転向、回心も時勢への順応としてなされ、自覚的な決断としてなされることは少ない。

絶対者の欠如

外在化された時間は人間から乖離《かいり》するのであり、そのような時間に人間が主体として介入、操作することはないのである。時間の外在化に対して、人間の内面における、規範、価値基準の欠如、及び、時間を超越しつつ、時間を従属させ、時間を歴史としてとらえる絶対者の欠如が照応しているのである。「規範的イデー（理想）の形であれ、歴史の創造者と計画者としての超越神であれ、時間的制約を脱した絶対者の構想がなかったことは、観念論的伝統の弱さと関連する。ところが観念論や形而上学こそが、自然的時間のなかにある人間にたいして、時間のいわば自由な構成と操作の観念を生み出す。だから、時間の外に立って時間を操作する人間として、歴史に働きかける主体の観念（観念論）は、日本の原型的思考においては生じがたいのである」、としている（『講義4』64）。

時間を疎外し、時間を歴史として構造化する観念を喪失した内面とは、時間そのものが失われた無時間的内面であると考えられる。

> 伝統思想がいかに日本の近代化、あるいは現代化と共に影がうすくなったとしても、それは前述のように私達の生活感情や意識の奥底に深く潜入している。近代日本人の意識や発想がハイカラな外装のかげにどんなに深く無常感や「もののあわれ」や固有信仰の幽冥観や儒教的倫理やによって規定されているかは、すでに多くの文学者や歴史家によって指摘されて来た。むしろ過去は自覚的に対象化されて現在のなかに「止揚」されないからこそ、それはいわば背後から現在のなかにすべりこむのである。思想が伝統として蓄積されないということと、「伝統」思想のズルズルべったりの無関連な潜入とは実は同じことの両面にすぎない。一定の時間的順序で入って来たいろいろな思想が、ただ精神の内面における空間的配置をかえるだけでいわば無時間的に併存する傾向をもつことによって、却《かえ》ってそれらは歴史的な構造性を失ってしまう。
> （「日本の思想」、『集7』57）

過去は現在、未来と構造的に統合されることはなく、過去のさまざまな思想は「無関連に」併存しているのである。

内面の無時間化を補償すべき内面の時間化として、直線的時間意識と現在中心的時間意識とを、「原型」のうちに見出している。時間の外在化、絶対者の欠如によって無時間化した内面は、直線的時間意識及び現在中心的時間意識として自己を構築しなおそうとするのである。

直線的時間意識

まず直線的時間意識の方をみてみよう。この時間意識の基底に、世界形成のありかたとしての「なる」を見出していると考えられる。丸山は世界形成のありかたとして、「つくる」(創造)、「うむ」(生殖)、「なる」(化生)の三つの類型を区別している。「つくる」においては、世界を構成するものをつくる主体とつくられる客体としてのものとは断絶しており、主体的な製作という性格が強い。「なる」においては、主体と客体との区別はなく、世界を構成するものは自《おのずか》らに生成していくのであり、自然的、有機的な生成という性格が強い。「うむ」は両者の中間であり、うむものとうまれるものとは連続している。唯一神が無から世界を創造したというユダヤ教、キリスト教の宇宙観においては「つくる」が基底にあり、日本の「原型」においては「なる」、「うむ」が基底にあり、「『なる』発想の磁力が強く、『うむ』を『なる』の方向にひきこむ傾向がある」としている(「歴史意識の

『古層』」、『集10』72）。目的意識性をもつ動物の生殖である「うむ」から、植物の発生、生長である「なる」を区別し、「原型」においては「なる」がより基底的であるとしている（「日本思想史における『古層』の問題」、『集11』79）。

「この『古層』を通じてみた宇宙は、永遠不変なものが『在』る世界でもなければ、『無』へと運命づけられた世界でもなく、まさに不断に『成り成』る世界にほかならぬ。こうした『なる』の優位の原イメージとなったものは、おそらく、『ウマシアシカビヒコジ』の『葦牙《あしかび》』が『萌《も》え騰《あが》る』景観であろう。……有機物のおのずからなる発芽・生長・増殖のイメージとしての『なる』が『なりゆく』として歴史意識をも規定している……」、としている（「歴史意識の『古層』」、『集10』72）。「なる」は、植物の「おのずからなる発芽・生長・増殖」であり、さらに、この増殖する「なる」が継起、連続していくことが「なりゆく」である。

丸山は「古層」の基底範疇として、「なる」とともに、「つぎ」と「いきほひ」とをあげている。「つぎ」は「なる」が継起、連続していくことであり、「つぎつぎ」と重ねられ、血統的、政治的系譜の時間的永続、量的拡大（「末広がり的増殖」）を表わす。「いきほひ」は「なる」を実現するエネルギー、霊である。この三者は合成され、「つぎつぎになりゆくいきほひ」という直線的時間意識を構成する。人間のうちに、時間のうちに「いきほひ」があり、「いきほひ」によって時間は直線的に無限に前進するのである。

さらに丸山は、「古層」において、時間を超越する絶対者は存在しなかったが、この直線的時間意識における「時間の無限の線的な延長」、「家《い》系《え》の無窮な連続」そのものが絶対者の位置を占めているとしている。「なる」も、「なる」を可能にする「いきほひ」もオプティミスティックに肯定され、この肯定されるべきものの無限の延長が絶対者に代位しているのである。時間を超越する絶対者ではなく、時間のうちに内在する絶対者としてとらえているのである（同）。

現在中心的時間意識

無限に永続する時間そのものが究極的価値であるということは、時間そのものが肯定されているということであり、生き生きと直接的に体験される時間である現在はそうでない過去、未来から決定的に区別されることになる。しかし現在の瞬間に絶対者が宿るとして、現在を積極的に意味づけるのではなく、ただ現在の瞬間瞬間を肯定的に享受しながら、次の瞬間を次々と迎えいれていくのである。「『いま』の肯定が、生の積極的価値の肯定ではなくて、不断に移ろいゆくものとしての現在の肯定である限り、肯定される現在はまさに『無常』であり、逆に無常としての『現在世』は無数の『いま』に細分化されながら享受される。『なりゆく』ものとしての現在は、次の『いま』の到来によって刻々過去にくり入れられるので、『いま』の肯定なり享受なりは、たえず次の瞬間――遠い未来でなく――を迎え入れようとする一種不安定な心構えとして現われざるをえない」、としている（「歴史意識の『古層』」、『集10』72）。

さらに、「新たなる『なりゆき』の出発点としての『現在』（生《あ》る→現《あ》る）は、まさに不可測の巨大な運動量《モメンタム》をもった『天地初発』（宇宙開闢《かいびゃく》。『古事記』冒頭の表現。―引用者）の場から、そのたびごとに未来へ向かっての行動のエネルギーを補給される可能性をはらむこととなる」とし（同）、またさらに、祖霊が現在によみがえって、生成発展へ向う行動エネルギーを補給することを指摘している。ことに大きな変革、適応を必要とする、歴史的画期としての現在においてこのエネルギーの補給がなされるとしている。ここでは現在は、絶対者に代位している無限の時間における遡源しえない起源と結びつけられることにおいて、無限の時間の核心に位置づけられているのである。

過去、未来は、以上のような現在に従属するものとしてとらえられる。「こうして古層における歴史像の中核をなすのは過去でも未来でもなくて、『いま』にほかならない。われわれの歴史的オプティミズムは『いま』の尊重とワン・セットになっている。過去はそれ自体無限に遡及しうる生成であるから、それは『いま』の立地からはじめて具体的に位置づけられ、逆に『なる』と『うむ』の過程として観念された過去は不断にあらたに現在し、その意味で現在は全過去を代表（re-present）する。そうして未来とはまさに、過去からのエネルギーを満載した『いま』の、『いま』からの『初発』にほかならない。未来のユートピアが歴史に目標と意味を与えるのでもなければ、はるかな過去が歴史の規範となるわけでもない」、としている（同）。

内　閉

実体化

「原型」の時間意識における時間の外在化、絶対者の欠如による内面の無時間化に内閉《ないへい》が照応し、直線的時間意識、現在中心的時間意識に、内閉に対置される開放が照応しているととらえていると考えられる。まず内閉についてみてみる。内閉とは、絶対者の欠如により、内面のうちに外界を時間的構造として獲得していくことができず、無時間化した内面に自閉していくことである。

内閉の基底にあるありかたとして、対象を実体としてとらえる態度をみていると思われる。対象を実体のうちに閉じこめることにより、時間的構造のうちへの外界のとりこみ、外界への超越が放棄され、内閉が遂行されるのである。この実体化を、自己の外部に事実があるとする「自然的事実主義」としてとらえている。一九六〇年の安保問題について次のように述べている。

過程の意味を無視してある時点での物理的結果としての勝ち敗けだけを「崇拝」する思想が、選挙の意味解釈にも、投票行動にも、「院内」の採決万能主義にも、いたるところ顔を出していること御承知のとおりですが、そう見てくるといよいよもって自然的事実主義の病根は深いといわざるをえない。今度の強行採決とその後の岸政府の厚顔無恥な態度にしても、こういう「事実に弱い」一般的精神態度を彼等があてにした、また過去の経験からあてにできたという事情を抜きにしては考えられないでしょう。ですからこれにたいする抵抗は、押しつめて行けばまさに事実にたいする原理の、権力にたいする権利の、存在にたいする存在理由のための——総じて精神の独立性のための、たたかいだということになります。したがってそれが同時に抵抗者自身の内部に色々な形で巣喰っている自然的事実主義とのたたかいであってはじめて本当の意味で「ラジカルな」抵抗になると思うのです。（「八・一五と五・一九」、『集8』60）

結果としての事実、表面に現われた事実しかみようとせず、内面において事実に「原理」、「権利」を対決させることがなく、事実を実体化しているのである。「日本では、まだ既成事実になっていないことまで既成事実であるかのごとく思ってしまって、それによって、結局ほんとうの既成事実にしてしまうのです。そのことは、過去のファッショ化の過程においても実によく現われているのですが、軍部が政治的に一歩一歩進出して行く傾向、さらに枢軸と結んで行く傾向に対しても、実際問題として軍部がある以上どうにもならないとか、世界の現実の方向を否定しても仕様がないというので、結局ズルズルと『現実』を肯定してしまったわけです。つまり現実を自分で創って行こうとか変改して行こうとかいうよりも、常に与えられた現実を『所与』として、それにコンフォーム（順応）して行こうという態度が根強いのです」、としている（『座談2』50）。既成事実とは、内面にとりこむことが不可能な実体である。

「理論信仰」と「実感信仰」

理論が実体化されることを「理論信仰」とよび、実感が実体化されることを「実感信仰」とよんでいる。

すなわち一方で、「限界」の意識を知らぬ制度の物神化と、他方で規範意識にまで自己を高めぬ「自然状態」（実感）への密着は、日本の近代化が進行するにしたがって官僚的思考様式と庶民（市民と区別された意味での）的もしくはローファー（のらくらもの、ごろつき）的（有島武郎の用語による）思考様式とのほとんど架

> 橋しえない対立としてあらわれ、それが「組織と人間」の日本的なパターンをかたちづくっている。……そうして日本における社会科学の「伝統的」思考形態と、文学におけるそれ以上伝統的な「実感」信仰の相交わらぬ平行線もまたつきつめれば同じ根源に帰着するように思われる。(『日本の思想』、『集7』57)

「制度の物神化」、「官僚的思考様式」、「社会科学の『伝統的』思考形態」が「理論信仰」であり、「『自然状態』(実感)への密着」、「庶民」的、「ローファー」的思考様式、「文学におけるそれ以上伝統的な『実感』信仰」が「実感信仰」である。

「理論信仰」においては、「現実からの抽象化作用よりも、抽象化された結果が重視される。それによって理論や概念はフィクションとしての意味を失ってかえって一種の現実に転化してしまう」、としている。理論が「フィクション」から実体に転化しているのである。さらに、「(マルクス主義の理論による――引用者)歴史的現実のトータルな把握という考え方が、フィクションとして理論を考える伝統の薄いわが国に定着すると、しばしば理論(ないし法則)と現実の安易な予定調和の信仰を生む素因ともなったのである」としている。理論は外界の現実(実体)のうちに吸収、合体されるのである(同)。

日本の制度についても実体化されがちであるとしている。「長い伝統を背負い、しかもその存在理由を『問う』ことがタブーとされた天皇制が、一切の社会的価値の根源として最も強固な実体性をもっていたことはいまさらいうまでもないが、本来近代的な制度までがここでは、揉《も》まれながら形成されたのではなく、いわばレディーメードとして上から移植されたために、国民にとってはフィクションとしての意味をもたず、伝統的な支配関係と同じ平面で実体化される傾向がある。例えば議会制なんかがそのいい例で、議会制こそ多様な国民的利害を組織化し、国家意思に媒介するという機能価値を離れては抑々《そもそも》存在しえない制度なのだが、日本の政党や議会は必ずしも従来そうでなく、軍部や官僚や重臣等と並ぶそれ自身一つの実体的政治力みたいなものだったのだ」、としている（「肉体文学から肉体政治まで」、『集4』49）。実体に対置されている機能とは、外界に対する内面からの評価であり、外界は機能化されることにおいて内面にとりこまれているのである。

「実感信仰」が集中的、典型的に現われている近代日本文学について、「感覚的なニュアンスを表現する言葉をきわめて豊富にもつ反面、論理的な、また普遍概念をあらわす表現にはきわめて乏しい国語の性格」、「四季自然に自らの感情を託し、あるいは立居振舞を精細に観察し、微妙にゆれ動く『心持』を極度に洗練された文体で形象化する日本文学の伝統」、「（リアリズムが―引用者）国学的な事実の絶対化と直接感覚への密着の伝統に容易に接続し、自然意識の内部で規範感覚が欲望や好悪感情から鋭く分離しないこと」を指摘し、近代日本文学が「制度的近代化と縁がうすくなり、それだけに意識的な立場を超えて『伝統的』な心情なり、美感なりに著しく傾斜せざるをえなかった」としている（「日本の思想」、『集7』57）。「感覚的なニュアンス」、「心持」、「直接感覚」、「欲望」、「好悪感情」、「『伝統的』な心情」、「美感」といった実感が実体化されているのである。「理論信仰」と「実感信仰」とは、実体化されるものは対蹠的《たいせきてき》でありながら、実体化というありかた自体は同様なのである。

異端の雑居

実体化された対象は内面から疎外され、内面のうちに構造化されることがない故に、統合されることなく、相互に無関係なありかたで併存する。神道はその典型である。「『神道』はいわば縦にのっぺらぼうにのびた布筒のように、その時代時代に有力な宗教と『習合』してその教義内容を埋めて来た。この神道の『無限抱擁』性と思想的雑居性が、さきにのべた日本の思想的『伝統』を集約的に表現していることはいうまでもなかろう。絶対者がなく独自な仕方で世界を論理的規範的に整序する『道』が形成されなかったからこそ、それは外来イデオロギーの感染にたいして無装備だった」のである、としている（「日本の思想」、『集7』57）。あらゆる「外来イデオロギー」が受容され（「無限抱擁」）、「整序」されることなく「雑居」するのである。内面において「道」が形成されなかったからこそ、「有力な宗教」、「外来イデオロギー」は実体化され、内面に統合されることなく、「習合」、「感染」するのである。

「あらゆる時代の観念や思想に否応なく相互連関性を与え、すべての思想的立場がそれとの関係で――否定を通じてでも――自己を歴史的に位置づけるような中核あるいは座標軸に当る思想的伝統はわが国には形成されなかった」が故に、あらゆる思想は実体化し、「みな雑然と同居し、相互の論理的な関係と占めるべき位置とが一向判然としていない」としている（同）。また逆に実体化された思想は、統合を阻止すべく、「座標軸」を破壊しようとするのである。

さらに、日本の学問研究における専門領域ごとの閉鎖性（「タコツボ」化）、また、「所与の秩序のなかで自分に指定された地位と分限をまもる、つまり空間的に指定された地位から動かないで、空間的に観念された仕事の区域をまもるという、どこまでも空間的な、スタティックな秩序感」のうちに、実体化された専門領域、地位、分限の併存を見出している。この併存は動的な相互連関、時間意識への統合を欠如した、雑居への固定である（「思想のあり方について」、『集7』57、「八・一五と五・一九」、『集8』60）。

以上のような、雑居、併存するそれぞれは雑居する全体を統合しようとする正統を志向せず、自分独りに内閉する異端であろうとするとしている。「ヨーロッパの思想史と比較して感じるのは、ヨーロッパの異端は正統にならんとする異端ですが、日本の異端は幡随院長兵衛が多い。もろはだ脱いで、あぐらをかき、えい、どうせ俺は異端でござい、とタンカをきるだけ。ですから自ら正統になるダイナミズムを持っていない」、としている(『座談6』66)。

特殊主義

丸山は普遍主義と特殊主義との対抗を強調している。普遍主義とは、特定の文化に固執せず、特定の集団への所属に固執しないありかたであり、特殊主義とは、特定の集団への帰属への固執、特定の文化への固執である。普遍主義の基底には、内面における規範、価値基準、絶対者の成熟による内面の時間化、外界に対する内面の支配、対象の非実体化がある。特殊主義の基底には、時間の外在化、内面における規範、価値基準、絶対者の欠如、対象の実体化がある。特殊主義は内閉である。「原型」におけるさまざまのレベルにおける帰属集団への依存、土着主義、排外主義は特殊主義である。

「原型」における特殊主義の中核を家族への帰属意識としてとらえている。「日本のアン・ジヒ〈即自的〉な自己肯定というものは家族主義的精神から出てくる。社会的な関係が、パブリックな関係としてでなく、家族的な雰囲気において処理され、従ってそこでは、自分と環境との分離がアイマイになり主体的な力が出てこない」、としている（『座談2』、50）。古代以来家族的関係があらゆる集団に浸透しているのである。「この同族的（むろん擬制を含んだ）紐帯《ちゆうたい》と祭祀の共同と、『隣保共助の旧慣』とによって成立つ部落共同体は、その内部で個人の析出を許さず、決断主体の明確化や利害の露わな対決を回避する情緒的=直接的結合態である点、また『固有信仰』の伝統の発源地である点、権力（とくに入会や水利の統制を通じてあらわれる）と恩情（親方子方関係）の即自的統一である点で、伝統的人間関係の『模範』であり、『国体』の最終の『細胞』をなして来た」としている（「日本の思想」、『集7』57）。

この家族主義において家族的共同体は個人の内面から乖離《かいり》して実体化し、個人が家族的共同体を個人の内面にとりこむのではなく、個人が、実体である家族的共同体のうちに閉じこめられ、家族的共同体に従属させられているとしている。「普通には残虐な支配はないが、いったん権威信仰の雰囲気的なわくに入って来ないとみると逆に非常に残虐になる。これは家族的原理の中に入って来ないものに対する『敵』への憎しみに外ならない」、としている（「日本人の政治意識」、『集3』48）。実体である「家族的原理」は、支配し排除する政治的機能を果しているのである。

政府の公的な政策決定過程、政治構造への家族主義の浸透である、権力の「身内化」を指摘している。「身内化」とは、公的な制度上は権力をもちえない近親者、ないし近親者に擬せられる者（「身内」）に実権が移行していくことである。院政における、天皇から上皇への移行、上皇から院司（院の家政機関の構成員という性格が強い）への移行、摂関政治における、摂政・関白からその家政機関である家司への移行、鎌倉幕府の執権政治における、執権＝得宗《とくそう》から前執権、御内人《みうちびと》（得宗家の被官）への移行を指摘している。「身内」への実権の内閉が公的な政治制度（普遍主義を志向する）を形骸化しているのである。

開　放

直線的時間意識、現在中心的時間意識に照応する開放についてみてみる。開放とは、内面の時間化としての直線的時間意識と現在中心的時間意識のうちに外界を獲得していくことである。

集団的功利主義と心情の純粋性の奨励

丸山は集団的功利主義と心情の純粋性の奨励を「原型」のうちにとらえている。集団的功利主義とは、自己が所属する共同体に福利を与えるものを善とし、災厄を与えるものを悪とすることである。善、悪という道徳的価値よりも福利、災厄という功利的価値の方が重視されている。功利とは外界への適応であり、外界の獲得としての開放である。この功利への志向は、直線的、現在中心的時間意識における「生成のオプティミズム」に支えられているのである（『講義4』64）。またこの功利は個別的であり、特定の時間、空間からなる状況における功利であり、現在中心的時間意識における功利である。

心情の純粋性の奨励とは、共同体の内部において、共同体から離反した私的な野心をもたないこと、自然な「つぎつぎになりゆくいきほひ」に介入、逆行する作為をなさないことの奨励である。行動の結果、客観的規範との一致よりも動機の心情的純粋性を重視しているのである。「心情の純粋性も、こうした自然的時間の流れ（動態）において尊重される。永遠の規範がなく、時の無限のうつりがあるという観念は感情的自然主義と関連する。感情の自然の流れは、うつくしく、うるわしい」、としており、この奨励は直線的、現在中心的時間意識に立脚しているのである（同）。他者を含めた外界に内面を開き、外界を内面のうちに獲得していく開放としてみることができる。

こうした動機主義的規準（心情の純粋性の奨励―引用者）は、吉凶禍福を善悪と同視する考え方（集団的功利主義―引用者）と一見矛盾するようで、矛盾していない。禍福は個人レヴェルでなく、農耕＝祭祀共同体への禍福であり、いわば集団的功利主義の規準である。この共同体は無色透明な精神の直接的な一致から成っていると考えれば、共同体を外部から脅かすものを悪とし、これに恩恵を与えるものを善とする判断基準は、個人が「私」の閉鎖的な領域を持たずに、あけひろげに共同体に直通するのを善しとする判断基準とはまさに一致するわけである。(『講義5』65)

集団的功利主義と心情の純粋性の奨励とは対立しているのではなく、相互補完しているのである。丸山は前者は、特定の共同体に依拠する特殊主義への方向をもっており、後者は、共同体内部という限定があるとはいえ、内面の純粋化の志向という普遍主義への方向をもっているとしている（丸山は集団的功利主義を特殊主義そのものであるとしている場合があるが、集団的功利主義は特殊主義への方向をもっているが、集団的功利主義を開放に、特殊主義を、前述のように、内閉に位置づけ、両者を区別した方が、丸山の思想史学の体系をより整合化しうると考えられる）。後者の方がより大きな開放への可能性をもっているのである。「日本では、キヨキココロ、ウルハシキココロ（心情の純粋性―引用者）という絶対的基準が、共同体的功利主義の相対性と特別主義に制約されるので、共同体的規範から、特定の共同体や具体的人間関係をこえた普遍的な倫理規範……への昇華がはばまれることになる」としている（『講義7』67）。

活動作用の神化

丸山は、「活動作用そのものを本体よりも神化する傾向性」を「原型」における開放としてとらえている。アニミズムから多神教への発展において、「超自然な力の背後」に「超自然的な力をもつ実体」としての「タマ（精霊）」が想定され、これが人格化、物化されて神観念が生じるプロセスが一般的であるが、「原型」においては、「一方ではタマが現象から分離されて呪術的克服ないしは礼拝の対象となった後においても、それと並んで他方では、むしろタマのはたらきそのものが神聖視される傾向が強い。……政治的秩序の形而上学をつくる際も、まつる行為に中心が置かれ、まつられる対象はそれに比べて重んじられない」、としている（『講義4』64）。「まつる行為」とは「活動作用そのもの」であり、開放であるのに対し、「まつられる対象」とは「本体」であり、内閉である。

このような活動作用の神化の背後には、直線的、現在中心的時間意識を構成する「生成のオプティミズム」がある。自然的生産力（「土地の豊饒《ほうじょう》な生産力」、「人間の旺盛な生殖力」）による生成が生の本質、価値の本源であるとされ、この生成を促進する活動作用が神化されるのである（同）。

祭祀者（呪術者）としての天皇

活動作用の神化は、祭祀者（呪術者）としての天皇の両義的なありかたの一方として現われている。

元来、Magisch〔魔術的〕な宗教形態の特徴は、呪術者が呪術対象としての精霊にたいする強制力をもつところから、呪術対象よりも呪術者自身にヨリ高い権威が付与されるところにある。このパターンが、神々への崇敬にもとづく礼拝が祭祀の本来の内容をなすに至った後においても存続したところからして、祭るものが祭られるものよりも現実生活において権威をもつという、和辻〔哲郎〕博士によって指摘された記紀の思想の一特徴が、天皇の政治的権威の基盤をなしている。中国では、天を祭る皇帝にのみ許された儀式は、皇帝以外の者には禁止されたが、その際まさに天は最高に聖なるものとして天子に優越していた。これに対して日本の天皇は、文字通り天の皇として神々に優位する位置を与えられるのである。(『講義4』64)

天皇が祭祀者である祭祀は元来、天皇が呪術者である呪術であり、呪術対象に呪術者が働きかけて功利的成果をもたらすという、また呪術者が呪術対象に優越するという呪術のありかたを保持していたとしている。祭る天皇(呪術者、「活動作用そのもの」)が祭られる神々(呪術対象、「本体」)に優越しているのである。中国の天子は、絶対者、普遍者である天に従属していたが、日本の天皇には従属すべき絶対者は存在しないのである。さらに、「一般に天皇が祭る天神地祇は特定されず、また他の豪族の祭祀の対象ととくに区別されていない」としている(同)。祭られる神々の特定性、固有性が稀薄なのである。

『古事記』によれば、アマテラスの生みの親たるイザナギがイザナミと国生みを行うとき、最初の交接では思わしい子が生まれない（ヒルコなど）。そこで二神は高天ケ原に戻り、天つ神のみことを請う。ここでそもそも天つ神が誰かが不明確である。それらは高御産巣日など、別天神《ことあまつかみ》であるのかどうか。しかし天つ神が不特定なのはしばらく措くも、それでは天つ神こそ最高究極の神かといえば、否である。彼らは自らの判断によって神託を下すのではなく、太占《ふとまに》によって卜った結果を二神に「のる」にすぎない。こうしてまつる主体は特定しているが、まつられる客体は不特定であり、かつ無限に遡及《そきゅう》してしまう。（『講義7』67）

天皇が祭る神々は上位の神々を祭り、上位の神々はさらに上位の神々を祭る。不特定の神々における無限遡及があるのである。遡及するほどますます特定性は稀薄になり、その果ては不明なのである。この遡及構造においても「活動作用そのもの」（下位）は「本体」（上位）に優越しているのである。

両義的なありかたの他方をみてみよう。天皇が五穀豊穣などを神に願い祈る祝詞《のりと》は「祭主（天皇―引用者）から神々への言葉であると同時に、祭主は神々の憑依《ひょうい》によって宣《の》るのだから、神々から祭主への言葉である」としている。「（祝詞―引用者）を成員に宣ることにより、祭主は共同体の政治的統率者となる。ここでは祭主は、神と人との通路＝媒介役に立っている。神にむかっての言葉が同時に神の言葉となるのはシャーマニズムに通有であり、呪術者が祭主の基本形態だというのは、神の言葉と人の言葉の結節点に立っているからである。……シャーマン的な地位を祭事関係において祭主としての天皇が占めている」、としている（同）。「祭主から神々への言葉」が「活動作用そのもの」であるのに対し（開放）、「神々から祭主への言葉」は「本体」から天皇への作用であり、両義的なありかたの他方である（内閉。神の実体化）。「原型」においては、「神も人も絶対者ではない。一方において神々は呪術的にコントロールされうるし（両義的なありかたの一方―引用者）、他方において地上の見える権威は見えざる多くの神々の威力に左右され、その意見に従わねばならぬ（両義的なありかたの他方―引用者）」、としている（『講義4』64）。

奉仕としての政治

祭祀者としての天皇の両義的なありかたにおける「本体」の優位と「活動作用そのもの」の優位の指摘は、日本の政治構造における正統性と政策決定との分離の指摘に照応している。「本体」が正統性に照応し（内閉）、「活動作用そのもの」が政策決定に照応している（開放）のである。古代朝廷政治においては正統性は「天皇・大王・大君・帝」に、政策決定は「大臣・卿・群卿・大夫」に位置し、朝廷と幕府との関係においては正統性は朝廷＝公家に、政策決定は幕府＝武家に位置している。幕府政治内部においては正統性は将軍に、政策決定は執権（鎌倉幕府）、管領・執事（室町幕府）、老中・若年寄（江戸幕府）に位置している。政治の直接的担当者は後者であり、後者の政治の結果を前者が「きこしめ」し、「しろしめ」すことにおいて政治の結果は正統性を獲得するのである（「政事の構造」、『集12』85。『講義7』67）。

正統性と政策決定のこのような分担構造のうちに、政治が上から下への支配（内閉）としてよりは、下から上への「奉仕の献上」（開放）としてなされるという、日本の政治における「執拗低音」を見出している（「政事の構造」、『集12』85）。前述したように、世界形成のありかたとしての「つくる」（創造）、「うむ」（生殖）、「なる」（化生）のうち、「原型」においては「つくる」が稀薄であるが、「宇宙を『つくる』主体としての神が、客体としての宇宙を絶対的に支配するという観念」の世俗化が主権観念であり、「原型」においては主権観念、上からの権力支配（内閉への傾斜の可能性をもっている）は稀薄化しているのである（『講義6』66）。

この下から上への奉仕としての政治の構造は、より下方の被治者（一般人民）の治者（官僚）に対する関係、及びより上方の天皇の神々に対する関係に相似形的に延長されている。前者について、「人民は中央の大君に、ヨリ直接的には地方に派遣された地方官に対して『つかへまつる』関係に立ちます。大臣・卿たちが天皇に『つかへまつる』のといわば同じパターンで、一般人民が地方ないしは中央の官僚に『つかへまつる』わけです。ですから、ここでは治者と被治者とが↓↑という対立・支配の関係で向き合うのではなくて、ともに『上』に向って同方向的に奉仕する関係に立ちます」、としている（「政事の構造」、『集12』85）。

後者については、前述の天皇から神々への無限遡及的祭祀を下から上への奉仕としてとらえることができる。「祭事＝祀祭の構造と、統治の構造との間に『奉仕』観念を媒介とする照応関係があるのである。（このことは―引用者）神―天皇―群臣の関係においてだけでなく、氏神―氏上―氏人という関係にもそのままあてはまる」、としている（『講義7』67）。「神―天皇」、「氏神―氏上」の祭祀と、「天皇―群臣」、「氏上―氏人」の統治とは奉仕を共有することにおいて、タテに連続しているのである。

さらに、正統性と政策決定の分離を内蔵する奉仕の政治においては、権力はより下位の者、すなわち政策決定担当者の方へ下降していくとしている。古代朝廷政治においては「天皇・大王・大君・帝」から「大臣・卿・群卿・大夫」に、朝廷と幕府との関係においては朝廷＝公家から幕府＝武家に、幕府政治内部においては将軍から執権（鎌倉幕府）、管領・執事（室町幕府）、老中・若年寄（江戸幕府）に権力は下降するのである。実質的に政策決定を行なう下位の者に実権が移行していくとしているのである（「政事の構造」、『集12』85。なお丸山は、本書「内閉」の節の「特殊主義」において述べた「身内化」を、この権力の下降と重なりあうものとし、ともに奉仕としての政治における派生現象としているが、筆者は「身内化」を内閉のうちに、権力の下降を開放のうちにとらえることによって、丸山の思想史学の体系のうちにより適合的に位置づけえたと考える）。

前述した、内閉である特殊主義に、開放である擬似普遍主義が対応している。

擬似普遍主義

内発と外発、土着と外来という範疇で思想をとらえることによって、明治以降、日本の思想史に欧化と国粋、拝外と排外の振り子運動が起った。一方は、形を変えた鎖国主義と島国根性からして、主体性＝植物的伝統主義（日本の国土に自生したもののみが伝統であるとする—引用者）の発想にしがみつき、土着性に閉じ込もろうとする。他方は、日本は貪欲に外来文化を吸収したから今日の大をなした、と過去のパターンをそのまま美化し、その受け入れ方を吟味しない。……こうして、欧化主義と島国ナショナリズムがサイクルを描く。しかしこの両者は、対立する正反対のものに見えるけれども根は同一である。自分を全く異質的なもののなかにさらしながら、しかも自分でありつづけるという真の主体性保持の困難性を、回避しようとしている点では同じである。(『講義5』65)

特殊主義である「島国ナショナリズム」に対し、「欧化主義」は真に対立してはいない。真に対立しているのは、「自分を全く異質的なもののなかにさらしながら、しかも自分でありつづけ」ようとする普遍主義である。「欧化主義」は擬似普遍主義である。擬似普遍主義について次のように述べている。

日本の思想史を見るとユートピア思想(普遍主義である―引用者)がきわめて乏しい。もともとユートピア思想というのは夢想や幻想ではなくて、現実にたいする切迫した、またトータルな批判意識の所産なのですが、日本においては、大ざっぱな簡略化を許していただけるならば、ユートピア思想に代位したのが「模範国家」でした。模範国家は古代では隋・唐であり、その後も長い間、聖人の統治した太古の中国でしたが、幕末維新以後、それは「欧米」にきりかえられました。マルクス主義の場合でさえ、その普遍主義はソ連とか、コミンテルンとかいう、現実の国家もしくは特定集団と同

> 一化する傾向を免れませんでした。……そうして、普遍主義が自分の、あるいは自分の国の、「外」にある何ものかであることからして、その反動は、必ず「うち」の強調として出現します。「うち」とは精神の内部ということではなく、うちの国、うちの村、うちの家です。イデオロギー的にはそれはさまざまの変奏であらわれる「土着主義」（ヨリ正確には土発主義）の基盤です。こうして「よそ」を理想化する形の擬似普遍主義と「身内《みうち》」への凝集とが悪循環をくりかえして来ました。（「近代日本の知識人」、『集10』77）

擬似普遍主義が、「うち」を嫌悪して「よそ」を憧憬《しょうけい》することとして、さらに「模範国家」への自己の同一化志向として現われているのである。この同一化志向の基底には、世界の大勢への機会主義的迎合があり、世界の大勢は直線的時間意識のうちに、機会主義的迎合は現在中心的時間意識のうちに構成されている。特殊主義が「うち」に内閉するのに対し、擬似普遍主義は「よそ」へ開放される。しかし擬似普遍主義の開放の基底と特殊主義の内閉の基底には、「よそ」と「うち」の双方の対抗的実体化があり、擬似普遍主義は実体化された「よそ」を志向し、特殊主義は実体化された「うち」を志向するのである。

本書「内閉」の節の「異端の雑居」において、「道」が形成されなかったが故に、「外来イデオロギー」が実体化され、内面に統合されることなく、「雑居」したとしている。内閉において、実体化された「外来イデオロギー」は、実体化された「うち」に「雑居」するのであり、これは特殊主義である。「外来イデオロギー」の受容においては、この特殊主義と擬似普遍主義との結合、協力がある。擬似普遍主義において、「よそ」の「外来イデオロギー」が実体化され、特殊主義において、その実体化された「外来イデオロギー」が「うち」の実体とされるのである。

「ヨーロッパの哲学や思想がしばしば歴史的構造性を解体され、あるいは思想史的前提からきりはなされて部品としてドシドシ取入れられる結果、高度な抽象を経た理論があんがい私達の旧い習俗に根ざした生活感情にアピールしたり、ヨーロッパでは強靭な伝統にたいする必死の抵抗の表現にすぎないものがここではむしろ『常識』的な発想と合致したり、あるいは最新の舶来品が手持ちの思想的ストックにうまくはまりこむといった事態がしばしばおこる」、としている（『日本の思想』、『集7』57）。「部品」とは、「外来イデオロギー」が解体され、実体化された「部品」である（擬似普遍主義）と同時に、「手持ちの思想的ストック」に「はまりこむ」「部品」である（特殊主義）。

武士のエートスと江戸時代

武士のエートス

「原型」は原始、古代から近代、現代に至るまで「執拗《しつよう》低音」として、その時代時代の思想の主旋律としての外来思想に変容を与え続けてきている。中世及び江戸時代（近世）においてももちろん同様であった。まず中世における武士のエートスのありかた、その「原型」との関係についての丸山のとらえかたをみてみよう。「武士のエートスがいかにこうした原型に規定されているかは明らかであろう。それは武士のエートスが外来イデオロギーによっていかに洗練されても、根本的に土着的な生活感情から切れていないことを示している。……徹底的にparticularisticな倫理（ここでは集団的功利主義の意味である―引用者）が同時に共同体に対する純粋に感情的な同一化の要求（心情の純粋性の奨励—引用者）と結びつくとき、共同体をシンボライズする共同体の指導者、家・武士団の統率者（棟梁）に対する、無私の献身となる」、としている（『講義5』65）。武士のエートスが、「原型」における心情の純粋性の奨励と集団的功利主義の結合のうちから発生してきているとしている。

丸山は武士のエートスを、主君に対する能動的な、ダイナミックな、無私献身的な、無限に高まっていく忠誠心、及び具体的な戦闘の場において武勲をあげるという業績価値の追求としてとらえている。前者は、「身分間の和の維持を中核とする君臣の倫という観念」であるよりは、「生き生きした人格に対する専心の傾倒」であり、「スタティックな恭順（受動的服従）」であるよりは、「積極的な忠誠行動によって実証されねばならぬもの」であるとしている。「主君の恩が無限であれば、いかに恩に報いて忠誠を励んでもなお足りないことになるからして、忠誠行動は積極的になるだけでなく、それは不断に次の新たな忠誠行動を生んでゆくという意味でも、またダイナミックになる」としている（『講義4』64）。さらにこの延長上に、「『気力も器量も入らず候。一口に申さば、御家を一人して荷ひ申す志出来申す迄に候。同じ人間が誰に劣り申すべきや。惣じて修行は大高慢にてなければ役に立たず候』（『葉隠』—引用者）というような非合理的主体性とでもいうべきエートス」を位置づけている（「忠誠と反逆」、『集8』60）。また以上の前者の内容について、「戦闘という非日常的な状況を前提としている」こと、主君と家臣が「生死の運命共同性の実感を分有している」こと、その内容の「流通範囲」は「感覚的に自己が同一化できるかぎりの集団」のうちに限定されることを指摘している（同）。丸山は、前者が「原型」の心情の純粋性の奨励に照応し、そこから展開してきているととらえていると考えられる。

後者について、中国の士大夫のエートスとの対比において、士大夫が地位価値を志向したのに対し、武士は業績価値を志向し、士大夫が技術、技能を蔑視した（「君子は器ならず」）のに対し、武士は業績価値を達成するための技術、技能を重視したとしている。さらに、「転変する状況と時代に対応して、軽重をリアルに選択する」ところの「臨機応変」、硬直した基準から自由な権謀術数としての「権道《けんどう》」に対する積極的評価を指摘している（『講義5』65、『講義7』67）。丸山は、後者が「原型」の集団的功利主義に照応し、そこから展開してきているととらえていると考えられる。

丸山は「原型」において、内閉のうちには特殊主義を見出し、開放のうちには擬似普遍主義を見出しており、普遍主義の比重は小さいと考えられる。これに対し、武士のエートスにおける、「原型」の心情の純粋性の奨励（そのうちに普遍主義への方向を見出している）

の能動化、動態化、「原型」の集団的功利主義の一層の目的合理主義化の延長上に普遍主義への方向を見出そうとしているように思われる。擬似普遍主義的に中国法を受容した律令とは異なり、『貞永式目』は、武士の現実生活のうちから抽出された「道理」の集成であり、「道理」に依拠する規範意識によって特殊主義が克服され、武士がつくってきた事実、先例に依拠する「事実主義」によって擬似普遍主義が克服されているのである（『講義5』65）。

江戸時代

丸山の思想史学において、江戸時代は、実体化、特殊主義をそのうちにもつ内閉が貫徹した時代としてとらえられ、普遍主義は徹底して排除され、擬似普遍主義をそのうちにもつ開放さえも排除された時代とされていると考えられる。江戸時代の社会を、まず地域別に区分し（幕府領、藩領）、次にその各区分を機能別に区分し（「政治及び軍事の世界、栄誉の世界、富の世界、生産の世界、文化（宗教を含む）の世界、遊芸の世界等」）、さらにその各区分を身分階層別に区分する（例えば「生産の世界」の農民の場合、「名主・庄屋・組頭の村方三役から、長百姓《おさびゃくしょう》・中百姓《ちゅうびゃくしょう》・平百姓《ひらびゃくしょう》の本百姓（高持百姓）、さらに水呑百姓にいたる諸階層」）ことによって得られるところの特定地域の、特定機能世界の、特定身分階層を、実体化された、特殊主義的な、内閉した小世界としてとらえた。

とりわけ身分階層の区分を重視している。いずれの区分においても、人間は特定の区分に固定され、他への移動を禁止され、異なる区分は相互に隔離された。また各区分において一つの地域、一つの機能世界、一つの身分階層が絶対的優位に立たないように、それぞれ均衡が保持された。身分階層において上位が下位を恣意的に支配したのではなく、上位とは、慣例に束縛された全体秩序における相対的上位であったにすぎない（『講義6』66）。

このような小世界区分の集合である幕藩体制社会の根本的要請を、戦国時代末期の状態の「凍結」としている。過去の保守であり、現状の維持である。ここから内閉（実体化、特殊主義）が導き出されているのである（『講義7』67）。

ここでは主権者は最上級身分ではない。秩序そのものである。宇宙の秩序と同じ理を内在したこの世の具体的秩序である。いまや超越的な絶対者は否定され、一切の価値は「世間」に内在化されている以上、天道とか天理とかいった普遍理念も、君臣・父子・夫婦といった特殊的な身分関係によって構成された具体的秩序を離れてはありえない。そうして、この具体的秩序は体制の「凍結化」という根本要請にしたがって、無限に単純再生産されねばならない。この精神の標語化が「祖法墨守」、「新《しん》儀停止《ぎちょうじ》」という伝統主義である。……この世界ではいかなる上級権力者も自由勝手な振舞いはできない。むしろ権力者ほど一挙手一投足、先例と格式にしたがって行動しなければならぬ。(『講義6』66)

内閉における内面の無時間化に保守、現状維持が照応しているのである。特殊主義的な実体としての「先例」、「格式」は人間の外部にある、人間が改変しえないものである。江戸時代においては秩序価値が真理価値、正義価値に対し優位したとし、「世間内の共同体倫理が最高価値になり、超越的普遍者をもつ面が見失われた。儒教は内在的普遍者をもっているが、超越的普遍者をもたない。しかし、江戸時代にはその内在的普遍者の面まで、世間的秩序との緊張関係の喪失によって particularistic (特殊主義的—引用者) になり、共同体倫理に屈服した。鎌倉・室町から江戸時代にかけては、超越↓内在、普遍↓特殊に強調点が移動していったのである。そのため正義価値の優位と対極的になり、秩序の維持＝『天下泰平』それ自身が最高の価値となった」、としている(『講義4』64)。

学問、芸術、宗教等、普遍主義に立脚する文化も、特定集団への所属、奉仕によってのみ意義づけられ、いかなる文化が特定集団に対し奉仕しているかについての判定権は特定集団の権力者、権威者に集中しているとしている。さらに芸術、娯楽の内容について次のように述べている。

芸術・娯楽の領域でも私的、閉鎖的な小天地を人為的に造出して、その中で楽しもうとする（御座敷芸・茶室など）。野外の遊楽でさえ、たとえば花見の場合、仲間だけで周囲に幔幕《まんまく》をはりめぐらせる傾向にみられるように、わざわざ公共性や開放性を制限する。美の追求は大空に向っての想像力のはばたき、自由なファンタジーの展開ではなくて、ひたすら内へ閉ざす方向に向い、しかも挙措・動作すべてにわたって、detailの精緻さと様式の洗練、型の陶冶に一切のエネルギーが傾注される。detailの精緻な形式的洗練がかくも高度化した反面、代償として類型化（絵画・文学における描写、また劇における演技の）と、因襲による停滞が生じる。（『講義6』66）

芸術、娯楽も無時間的空間のうちに内閉させられており、その局限された空間内における限られたヴァリエーションしかない「型」の追求、洗練、細部（「detail」）の精緻化に向かわざるをえないとするのである。「型」は実体化され、「類型化」されていくのである。

内閉と開放の衝突

江戸時代の推移とともに開放が顕在化し、体制における内閉の原理、及び、普遍主義をもちつつも、内閉の方向に変容させられていた儒教と衝突するようになる。この事態を丸山は単に「古層の隆起」としているが、この表現は不充分である。すでに幕藩体制原理、儒教のうちに「古層」の内閉は「隆起」しているのであり、この「古層」の内閉を含んだ体制原理、儒教の内閉、及び儒教の普遍主義的思考に対し、さらに、潜在していた「古層」の開放が顕在化（「隆起」）して衝突しているのである。また内閉に対する衝突の方が中心的である（「古層」のうちの内閉の総体が幕藩体制の体制原理として貫徹していると本書はとらえるのであるが、丸山は、幕藩体制の体制原理が「古層」の特殊主義の基盤の上にあるとはしているが、「古層」の内閉の総体を包摂しているとはしていない。丸山の「古層」においては開放の比重が大きく、内閉の方では特殊主義を「古層」のうちに位置づけているが、実体化、及びその系としての「理論信仰」、「実感信仰」、異端の雑居については「古層」として自覚的にとらえているとはいえない。本書においては実体化を含めた全体を内閉として「古層」のうちにとらえたが、その方が丸山の思想史学をより整合的に拡充しうると考える）。

日本の精神構造の深層に持続する時間意識・価値観（「古層」―引用者）は、たとえばparticularism の傾向の優位のように、一面では幕藩体制に内在する原理に合致するが、他面ではその emotional な動機主義、自然的エネルギーをそれ自体として善悪の価値判断をこえて尊重する傾向、歴史像など（開放―引用者）は幕藩体制の精神構造とは必ずしも一致せず、ズレを生んでゆく。そこで、このズレが儒教範疇の解釈の力点のおき所を制約する。とくに儒教の自然法的世界像、スタティックな規範的思考、極端な儀礼主義的傾向など（普遍主義と内閉—引用者）は、むしろ排斥される（武士のエートス自体も原型に規定されている）。したがって幕藩体制の動揺につれてその思想的はね返りとしては、一方では思想的近代化として、他方ではそれとさまざまな形で絡みあいつつ、原型の思考様式・価値意識が幕藩体制の精神構造を突き破る方向として現われるのである。（『講義6』66）

江戸時代においても存続している、武士のエートスにおける開放が、体制原理、儒教における内閉、儒教における普遍主義的思考に衝突してきているのである。

思想家の探究

荻生徂徠

朱子学

本章(「思想家の探究」)においては、個別思想家についての丸山の研究において中心的なものとして考えられる、荻生徂徠《おぎゆうそらい》、本居宣長《もとおりのりなが》、安藤昌益《あんどうしょうえき》、福沢諭吉、山崎闇斎《やまざきあんさい》についての研究を検討する。これらについての丸山の研究においては、超国家主義、戦後民主主義についての丸山の分析(本書「超国家主義と近代日本」の章で検討)、「原型」・「古層」・「執拗低音」についての丸山の研究(本書「『原型』・『古層』・『執拗低音』」の章で検討)に比べて、日本の思想における普遍主義の可能性を追求する姿勢がより直接的なものになってきていると思われる。これらの思想家における内在と超越の構造のうちに普遍主義への通路を見出してきているように考えられる。まず荻生徂徠の思想の研究を検討する。

徂徠学が批判した朱子学《しゅしがく》を丸山がどのようにとらえていたかをみてみよう。朱子学においては、道徳における規範としての理が同時に、宇宙における自然法則、人間のうちに存在する根本的なありかた（性）であるとしている。当為が存在と合一しているのである。理が欲望（気）におおわれ、規範からの逸脱が生じるとしても、究極において、理は気を滅却してそれ自身を顕現し、実現する。気は理に連続し、理のうちに自己を解消すべくたえず促迫《そくはく》されているのである。この気の理への解消自体が理なのである。当為の規範であ

図5　荻生徂徠（致道博物館蔵）

り、存在の法則である、この普遍的な理を核心とする朱子学は普遍主義である。しかしこの理が、当為の規範であるよりは、予定調和的に気を理のうちに解消する存在の法則であることにおいて、朱子学は超越的ではなく、内在的であるとしている（内在とは、自己が世界の内部にとどまっているという人間存在のありかたであり、超越とは、自己が世界から脱却し、別の世界に向っていくという人間存在のありかたである。内在においては、自己と対象との対立が成立していず、超越においては、自己と対象との対立が成立しているのである。内在対超越の対概念に対し、実体対観念、即自対脱自、同一対差異、自然対作為の対概念を照応させることができる。内在・実体・即自・同一・自然の系列に対し、超越・観念・脱自・差異・作為の系列が対立しているのである）。朱子学において人間は理のうちに内在しているのである。

さらに幕藩体制のうちに受容された朱子学においては、内在はさらに、幕藩体制の構造原理である内閉に変容させられているとしている。「封建社会（幕藩体制―引用者）に於ては何人も客観的環境のなかに没入し、主体的意識を持たない。そこでの主権者は、自然にまで接続する社会秩序それ自体であり、社会秩序に内在する伝習的規範が君主をふくめての一切の人間を十重二十重に拘束する。かかる規範秩序の優位性、究極性、一切の人格的なものを非人格的な自然に解消せしめる儒教（朱子学を中心とする―引用者）の汎神論的構成は、まさに、絶えず同一規模で再生産される社会的環境が主権者であるような（一切の人間に対して圧倒的優越力を持っているような）社会の普遍的社会意識にほかならない」、としている（『講義1』48）。朱子学をその典型とする、内在的な普遍主義（自然法的思考）が実体化し、内閉していく傾向に着目しているのである。

帰納的態度

丸山は徂徠学のうちに、朱子学の理が規範としてある当為の全体、及び、理が法則としてある存在の全体に対する認識の断念、認識の対象の、経験可能な客観的事態、事物への限定をみている。

近代的理性は決して屢々《しばしば》単純に考えられる様に、非合理的なものの漸次的な駆逐によって直線的に成長したのではない。近代的合理主義は多かれ少かれ自然科学を地盤とした経験論と相互制約の関係に立っているが、認識志向が専ら経験的＝感覚的なものに向う前には、形而上学的なものへの志向が一応断たれねばならず、その過程においては、理性的認識の可能とされる範囲が著しく縮小されて、非合理的なものがむしろ優位するのである。われわれは欧州の中世から近世にかけての哲学史において、後期スコラ哲学の演じた役割を想起する。ドゥンス・スコートゥスらのフランシスコ派やそれに続くウィリアム・オッカムらの唯名論者《ノミナリスト》は、盛期スコラ哲学の「主知主義」との闘争において、人間の認識能力に広汎な制限を附与し、従来理性的認識の対象たりし多くの事項を信仰の領域に割譲することによって、一方に於て宗教改革を準備すると共に、他方に於て自然科学の勃興への路を開いた。徂徠学や宣長学に於ける「非合理主義」もまさにこうした段階に立つものにほかならぬ。むろん古学派や国学が唯名論と同じからぬごとく、朱子学「合理主義」とスコラ的「合理主義」との間には決定的な相違が存する。しかし、後期スコラ哲学がトマス主義に対して持った思想史的意味と、儒教古学派乃至《ないし》国学が朱子学に対して持ったそれとは看過すべからざる共通性を担《にな》っている。朱子学の「窮理」の制限は仁斎における人道の天道よりの分離、徂徠における政治の経験的観察を生起せしめたことは既に述べたところによって明かであろう。さらに聖人に対する非合理的信仰の強化は他面、古典に対する文献学的＝実証的立場の興起を伴い、それは、聖人に対して皇祖神を代置した宣長においてもそのまま継受され発展せしめられた。（「近世儒教の発展における徂徠学の特質並にその国学との関連」、『集1』40）

古文辞学に於て、対象への信仰的な帰依が説かれることにより、演繹的態度から帰納的態度への転回が達成された。しかしその際、徂徠は、決して一切の客観的な基準を否定した非合理主義者ではなかった。彼は、客観的な理を否定したのではなく、それを認識する能力を各人には否定し、聖人にのみ認めたのである。朱子学の理では、始めから自然法則と道徳的規範とが混同されているに反し、ここではむしろ主観的な理から客観的な事物へ関心を集中させることにより、道徳と区別された意味での客観的事物の中にある法則性という認識が成立する余地がある。太宰春台が「理ハ道理ノ理ニ非ズ、物理ノ理也」（経済録、巻一、経済総論）というとき、それは自然科学的認識の端緒といえる。このような徂徠学の考え方を非合理主義と呼ぶならば、まさにそのような非合理な媒介を経てはじめて自然科学的経験主義に接続することが可能になる、やむをえない犠牲といえるのではないか。（『講義1』48）

宇宙の法則、人間の性、道徳規範を理としてとらえる朱子学の包括的な自然法的合理主義が崩壊し、経験可能な客観的事態、事物に認識の対象は限定され、しかもこの客観的事態、事物は根本的には不可知であるとされ、非合理的な所与として受容しなければならなくなったのである。人間の側には、この所与を、先入見を排して、あるがままに帰納的に、実証的に究明するありかたのみが残されたのである。この帰納的態度の基底には、不可知の所与を全面的に認識しうる聖人への非合理的信仰があるのである。帰納的態度は、不可知の客観的事態、事物に向っていく超越であり、非合理的信仰は、聖人に向っていく超越であると考えられる。

政治制度

徂徠学におけるこの帰納的態度による人間存在の考察において、社会全体に関わる公的な政治制度と個人の私的営為とが区別される。前者は道とよばれる。人間は道のうちに内在しているのではなく、道は外部から人間を統制する制度（「礼楽刑政」）としてとらえられる。「徂徠はいう、『心は形なきなり。得て之を制すべからず。故に先王の道は礼を以て心を制す。礼を外にして治人の道を語るは皆私智妄作なり。何となれば之を治むる者は心なり。治めらるる者は心なり。我が心を以て我が心を治む。譬へば狂者自ら其の狂を治するが如し。安ぞ能く之を治めんや』（弁道）。こうした立場から彼は『堯の服を服し、堯の言を誦し、堯の行を行はば是れ堯のみ』という孟子の言を好んで引用し、『その心と徳と何如と云ふことを問はず』となした」、としている（「近世儒教の発展における徂徠学の特質並にその国学との関連」、『集1』40）。さらに、「徂徠の道は本来的に社会的性質を持って居り、個人が実現すべき目標とはなりえない。『人の道は一人を以て言ふに非ざるなり。必ず億万人を合して言を為すものなり』（弁道）といわれる所以である。またそれは既に礼楽刑政として具体化された存在であり、従って個人が将来実現すべき性質のものではない」、としている。政治制度として客観的存在たらしめられるべき政治の目標は「治国平天下」、「安民」であり、政治は私的営為とは次元を異にするものである（同）。

超越としての政治

徂徠学において、政治をなし、政治制度をつくる主体は根本的には、人格的な天、及び天に連続している彼岸的存在としての、中国古代の先王、聖人のみである。これらは、人間がそのうちに内在する自然法的な理ではなく、決断し、制度を創出、作為する人格的存在であり、また一般の人間から隔絶、脱却している存在である。政治の主体が人格的であることにより、政治は内在的であることから脱却し、超越性を獲得し、政治の主体が隔絶、脱却していることにより、政治は一般の人間の特殊性から脱却して、普遍性を獲得しているのである。「秩序に内在し、秩序を前提していた人間に逆に秩序に対する主体性を与えるためには、まずあらゆる非人格的なイデーの優位を排除し、一切の価値判断から自由な人格、彼の現実在そのものが窮極の根拠であり、それ以上の価値的遡及を許さざる如き人格、を思惟の出発点に置かねばならぬ」としている（「近世日本政治思想における『自然』と『作為』」、『集2』41）。人格における超越の自由が絶対化されることによって、普遍性が獲得されるのである。

以上の中国古代の先王、聖人による政治の作為、制度の創出はそのまま各時代の統治者による作為、創出にあてはめられる。

徂徠学の「道」が具体的には唐虞三代という一定の歴史的な制度文物であり、それを作為した人格が堯舜禹湯というごとき、同じく歴史的に出現した開国の君主であるところからして、こうした聖人と道との論理的関係はやがて唐虞三代ならぬ、あらゆる時代に於ける制度と政治的支配者との関連に類推されたのである。徂徠は朱子学の「合理主義」が歴史的個性を見失わしめることを屢々《しばしば》指摘し、聖人の道の衰頽した秦漢以後についても時代時代の制度の特殊性を認識する必要を強調しているが、こうした制度たるや、「皆其代其代の開祖の君の料簡にて世界全体の組立に替り有レ之候故、制法替《かわり》有レ之候」（答問書、下）として、悉《ことごと》くその時代の創業の君主の自由なる（自己の「料簡」による）作為にその妥当根拠を帰せしめている。……「先王の作為」の論理の一切の時代へのアナロギーによってはじめてイデーに対するペルゾーンの優位は徹底され、かくて政治的支配者の危機克服のための――未来に向っての――作為が可能となるのである。徂徠に於て聖人の道は時代と場所を超越した普遍妥当性を持っている。しかしそれは決して自ずから実現されるイデーではなく、各時代の開国の君主による、その度ごとの作為を媒介として実現さるべきものである。ここではイデーの実現は自然的秩序観の様に内在的連続的ではなく、時代の替るごとに、新たな主体化を経験するという意味に於て非連続的である。（同）

各時代の君主も主体として超越するのであり、各時代の政治、政治制度はそれぞれ特殊性をもちながら、普遍性に参画しているのである。

この類推は、制度を創出する君主だけではなく、制度を運用する家臣、さらには全ての人民にまで及ぼされる。「『農は田を耕して、世界の人を養ひ、工は家器を作りて世界の人につかはせ、商は有無をかよはして、世界の人の手伝をなし、士は是を治めて乱れぬやうにいたし候。各自其の役をのみいたし候へ共、相互に助けあひて、一色かけ候ても国土は立不レ申候。されば人はものすきなる物にて、はなれぐ〜に別なる物にては無レ之候へば、満天下の人ことぐ〜く人君の民の父母となり給ふを助け候役人に候』（答問書、上）。全人民が皆役人である！……儒教の政治化もまた是《ここ》に至って極まるのである」、としている（「近世儒教の発展における徂徠学の特質並にその国学との関連」、『集1』40）。全ての人間が、創出、作為する政治的人格であり、政治社会に部分的に参画しているのである。全ての人間は、政治という不可知なものに対し、先入見をもたず、帰納的に接近していくのであり、この帰納は超越であると考えられる。

私的営為

丸山は、徂徠学において政治の主体が彼岸的な先王、聖人とされ、政治と私的営為は分化、断絶したが、同時に全ての人間が政治に参画しているとされることの延長上において、私的営為は政治のうちに包摂されているとしている。聖人の道は一切の私的営為を包摂する公（政治）であり、私的営為は、全体である道に対する部分として、超歴史的な道に対する各時代として、存在である道に対する個別的な当為として、道に帰属する。

> 徂徠はここでも世界という全体性から問題を考察する。宋儒や仁斎における現実と目標との関係は徂徠において部分と全体との関係に変じた。部分はその特殊性を貫くことによってはじめて全体の部分たりうる。各人はその天性の異った気質のままで、その個性をのばす事に努力した方がいい。この特殊性を涵養《かんよう》することを徂徠は「移」という言葉であらわした。……かくして各人がその天性の気質を移して得たる長所を徂徠は「徳」と呼んだ。……徳は特殊的＝部分的なる個人をして普遍的＝全体的なる道に参与せしめる媒介となるものである。（「近世儒教の発展における徂徠学の特質並にその国学との関連」、『集1』40）

道はその彼岸性において絶対的であるが故に具体的＝経験的な拘束力としては却って歴史的に特殊な形態の下にのみ顕現する。……唐虞三代の制度文物はまさにそのザインのままにおいて彼岸的な聖人に根拠づけられたのであって、なんら規範的意味において絶対化されるのではない。従って道が一定の時と処においてゾルレンとして作用するときは、夫々の具体的状況に応じた形態をとることを毫も妨げないのである。（同）

さらに私的営為は、道に帰属することにおいて、広い意味の政治的機能をもつとともに、道のうちにおいて、狭義の政治的機能から独立したそれ自体の独自のありかたを承認されているとしている。朱子学において克服すべきものとされた男女の愛情などの私的感情、及び文学を始めとする芸術への志向は、一切を包括する道の部分であるとされ、またその独自性を承認されてもいるのである。

歴史的個性　徂徠学において、公的、政治的領域のみならず、私的営為においても人間は超越し、普遍性に参画しているとされているのであるが、この多様な人間の営為の時間的配列（歴史）に対する徂徠のとらえかたについて次のように述べている。徂徠が窮極的価値をイデーからペルゾーンに移した瞬間に、実は彼はこの世に於ける一切の永遠なるものを「時間」の波に委ねてしまったのである。イデーの優位に基く思想（朱子学など―引用者）に於ては、歴史はそのイデー実現の場とされる。従ってそこではいかなる歴史的変化も畢竟《ひっきょう》イデーの様相《アスペクト》の変化にとどまる。しかるにこうした内在的価値のペルゾーンへの主体的超越は、必然的に歴史的連続性の破壊をもたらす。かくして徂徠に於ても……歴史的個性への認識が目覚める。しかも一たび連続より断絶へ、普遍性より特殊性に向けられた意識はもはやとどまるべき限界を知らない。本来、聖人とその作為せる道を理性的認識及び価値判断の彼方に置いたことは、朱子学の静的合理主義の克服の、従ってこうした歴史意識の生誕の、論理的前提であるのに、かく絶対化された筈《はず》の聖人の道が、己れの生み出した子によっていつの間にか歴史的相対性の刻印を額に受けているのである。（『近世日本政治思想における『自然』と『作為』』、『集2』41）

普遍性、連続性、公（政治）としてとらえられた聖人の道は、歴史のうちにとらえられることによって、それぞれに超越であるところの、特殊的、相対的な各時代へと分解されているとしているのである。

本居宣長と安藤昌益

感情の自然への超越

本居宣長《もとおりのりなが》についての丸山の考察をみてみよう。徂徠学同様、本居宣長の学問、思想においても、文献解釈における、主観的判断（人間がそのうちに内在していると信じている法則、規範への依拠）の排除、すなわち帰納的、実証的態度があるとする。いかなる不合理、不道理をも古代人の事実としてあるがままに受け取ろうとする態度のうちには、皇祖神という人格的存在に対する絶対的、非合理的信仰、この世界のあらゆる事実を神の作為として受容しようとする根底的態度があるとしている。宣長学においても非合理的信仰が帰納的、実証的認識の自立化を支えているのである。この実証的学問の自立化は宣長学を師の説への追随という伝統から脱却させているると

図6　本居宣長（本居宣長記念館蔵）

している。この非合理的信仰と帰納的認識は、法則、規範のうちに内在することがない超越としてのありかたである。

徂徠学においては人格における超越は、根本的には聖人の道（政治、公）としての、普遍への志向であるが、同時に特殊的な私的営為として聖人の道のうちにその部分として包摂される。聖人の道と私的営為への超越の分裂があるのである。これに対し宣長学においては、超越は私的営為として純化される。

徂徠が和歌を詩と同じといいながら「何となく只風俗の女々しく候は、聖人なき国故と被レ存候」（答問書、中、前掲二三一頁）とするに対して、宣長はやはり詩と和歌との本質的一致を説きつつ、「三百篇の風雅の詩は人情をありのままにいひのべたるゆへに、女童の言めきてみなはかなきもの也、これが誠の詩の本体なり」（あしわけをぶね）と徂徠の詩の規定を逆転し、後世の「男らしき」詩を却って詩の本質よりの逸脱とした。これぞ即ち「うごくこそ人の真心うごかずといひてほこらふ人はいは木か」（玉鉾百首）という宣長の主情主義であり、中古学より得たこの立場の徹底によって宣長はよく、徂徠の文芸観――儒教そのものの性格からくる――の最後的な制約を排除すると共に、彼の師真淵《まぶち》をも超克しえた。儒教のさかしらを斥けた真淵も、中古の「たをやめぶり」に対して上古の「ますらをぶり」を賞揚する限り、「風俗の女々しき」を蔑視する徂徠から幾歩も出でなかった。……（宣長は―引用者）「ますらをぶり」の更に内奥の心情に歌物語の本質としての、「もののあはれ」を見出した。そうして「女々しさ」や「たをやめぶり」の蔑視の中にはなお封建武士的な意識形態が潜んでいるとすれば、一切の道学的範疇からの文学の独立はここにはじめて確保されたのである。（「近世儒教の発展における徂徠学の特質並にその国学との関連」、『集1』40）

「『女々しさ』や『たをやめぶり』の蔑視」のうちに、政治（公）への志向を見出すことができ、宣長はこの政治への志向を完全に絶ち、私的営為を徹底させる方向に超越していったのである。さらに、「人間的作為に対して内的自然性を優位せしめつつ、しかも『自然』それ自体の観念的絶対化を避けるためには、この内的自然そのものの背後に、それを根拠づけるところの、超人間的な絶対的人格を置く以外にない。神の作為としての自然——それが宣長の行きついた立場であった」、としている（「近世日本政治思想における『自然』と『作為』」、『集2』41）。感情の自然は神が作為したものであり、感情の自然のうちに人間は、そのうちに人間が内在するところの法則、規範（自然法）を見出すことはできず、人間は感情の自然に対し、それを直接経験するというありかたで、及び帰納的に研究、認識していくというありかたで、超越していくのである。宣長における文学の自立もこの感情の自然への超越なのである。徂徠における超越が普遍を志向していたのに対し、宣長における超越は特殊への志向からさらに個別への志向に向っていったのである。

政治における無限受容

宣長におけるこの個別への志向は、社会、集団における支配、統合をめざす政治においていかなるありかたをとるか。丸山は、宣長において、「もののあはれ」（感情の自然）を核心とする文学の精神がそのまま政治の原理となったとしている（「近世儒教の発展における徂徠学の特質並にその国学との関連」、『集1』40）。感情の自然同様、政治の自然（与件としての政治の現実）も神の作為であり、あるがままに受容されなければならないとされる。感情の自然同様、政治の自然のうちにも自然法を見出すことはない。

徂徠の主体的作為の論理は最初から封建社会の補強という目的のための論理であり、いわば本来的に公的＝政治的性格を担っていた。従ってそれは徹頭徹尾、政治的支配の観点から説かれた。しかるに宣長にとっては国学の伝統を受けて、内面的心情（まごころ、もののあわれ）の世界こそが第一の関心事であり、その純粋性を貫く結果として到達した論理が「神のしわざ」という構成なのである。従ってその論理が政治的社会を対象とする場合でも、それはつねに自らの私的個人的立場を意識しつつ、主として政治的服従の観点から論じられた。畢竟《ひっきょう》、宣長に於ける主体的作為の論理は、善悪の彼岸にあって「御心儘」に支配する徂徠的絶対主義の裏側を被支配的地位から仰ぎ見たものにほかならぬ。……彼が「今の世は今の御命《みのり》を畏」めといって封建的支配関係に対する服従を説くとき、そうした支配関係はなんら「天地自然の理」という如き実質的価値に基いて肯定されるのではなく、「すべて下たる者はよくてもあしくても、その時々の上の掟のままに従ひ行ふぞ、即古《チ》の道《ヘ》の意」（うひ山ふみ）なるが故に過ぎない。秩序の妥当性が純粋に主権者の形式的実定性に由来し、その内在的価値――真理性乃至《ないし》正義性――と全く無関係だというホッブズ的実証主義が「よくてもあしくても」という副詞句にいみじくも表現されている。（「近世日本政治思想における『自然』と『作為』」、『集2』41）

宣長において感情の自然が神の作為であるのと同様、政治も神の作為である。人間は感情の自然への超越において個別を志向したように、政治への超越においても個別を志向するとされる。すなわち政治において人間は支配、統合（普遍、特殊）を志向せず、服従（個別）を志向するとされるのである。徂徠において人間が聖人に類比的に、支配、統合に部分的に参画するのと逆方向なのである。服従はより積極的に支配者への奉仕としてとらえられる。さらに被治者の人民だけでなく、摂政・関白であれ、将軍であれ、執権、管領であれ、老中であれ、奉行であれ、上下秩序のいかなる部分もより上位の者に対し奉仕する。この下から上への奉仕の連鎖が日本の政治構造とされる。さらに現世の政治の最上位にある天皇は祭祀において皇祖神を始めとする神々を祀るのであり、神々へ奉仕している。すなわち神々から天皇を経て、各段階の支配者を経由して人民に至る奉仕の連鎖としての政治構造があるのである。

服従を志向することは政治体制を与件としてあるがままに受容することであり、政治体制は神の作為として承認される。しかし体制は、人間が内在すべき理としてその内容が承認されるのではないが故に、時代が変って新しい体制が出現すれば、またその新しい体制が承認されることになるのである。丸山はこのようなありかたを、「徹底した非政治的態度」であるとし、一切の政治原理を包容する可能性をもつ、「あらゆるロマン的心情に共通する機会主義的な相対主義」であるとしている（「近世儒教の発展における徂徠学の特質並にその国学との関連」、『集1』40）。さらに、普遍への超越を欠如する個別への超越であることから、状況への距離、緊張が欠落した、瞬間瞬間の今を即自的に肯定する現世主義、及び、現実の分析、把握において鋭い反面、当為としての政策の提示において無能力なありかたが帰結しているとしている。

「革命的自然法」

次に安藤昌益《あんどうしょうえき》についての丸山の考察をみてみよう。丸山は、昌益は徂徠学における作為の論理によって解体された自然に依拠することによって、支配階級が作為したイデオロギーである儒教、仏教などを、自然から離反した「不耕貪食」を正当化するものとして批判したとしている。昌益は、「不耕貪食」に対置される自然としての存在のありかたを「直耕」としている。

直耕とは何であるか。いう迄もなく自ら働いて田畠を耕すことである。人間は自ら労働することによって自己の生命の糧を作り出す。従って直耕は人間を人間たらしめるものである。人間は直耕する所の存在である。人間は働くことに於て存在している。働くという動作を離れて別に人間という人格的実体は具体的には存しない。いな、是は人間のみではない。抑々《そもそも》この宇宙的自然が絶えず「自感《ひとりはたら》」いて、万物を生産しているではないか。これは天地の直耕にほかならぬ。天地の運行はどこから始まるという事はない。始めなく終りなく営々として転回している。そうしてこの様に「自然の進退」によって万物を生ずる事自体に天地の真の姿がある。果して然りとせば真に自然的に存在するものは自己運動のみである（これを昌益は「活真自行」という言葉で表した）。この自己運動の背後にあって運動の根源をなす人格的或は非人格的実体という如きものは抽象的思惟の産物にすぎない。ところが従来の思想は概ねなんらかこの様な根源的実体から出発する。天命とか太極とか陰陽五行とかいう如き。是れそうした思想が不耕貪食者のイデオロギーたる明証である。なぜなら不耕貪食こそは「働く」という行為から切り離された静止的な人間の存在形態であり、従って万物をその具体的な活動から理解せずに、抽象的＝固定的実体をその奥に想定する考え方はまさにかかる存在形態に照応した思惟様式だから。（「近世日本政治思想における『自然』と『作為』」、『集2』41）

人間を包摂する自然は「直耕」して、万物を生産するのであり、それを離れて自然の実体があるわけではない。「不耕貪食」とは労働せず、他者を搾取することであり、そのような権力を作為し、権力を正当化するイデオロギーを作為する。この権力、イデオロギーの作為は、自然の運動から離反した、固定的、静止的な観念への志向である。丸山はこの昌益の自然のうちに、観念を解体する機能主義的原理を見出している。徂徠、宣長が作為に依拠したのに対し、昌益は朱子学の自然法的ありかたと同様自然に依拠しており、徂徠、宣長において人間は超越（作為）するのに対して、昌益、朱子学においては人間は自然法のうちに内在しているのである。しかし朱子学の自然法が現状維持的であるのに対し、昌益は「革命的自然法」を提示しているとしている（『座談1』49）。

自然の弁証法

さらに昌益の自然のうちにある、事物の相関性である「互性」を弁証法的構造としてとらえている。

互性とは事物の間に存する相関的性質を指す。活真自行という自己運動に於て、万物が把握されるならば、一切の絶対的固定的な対立は当然相対化される。自然一気の進が生であり、退が死である。生を去れば死なく死を去れば生も無い。「死するが故に生じ、生ずるが故に死す」。生はその中に死を含み、死はその中に生を含む。従って生死は互性の象徴である。「故に生死は互性の名にして活真の妙体なり」。そうして天地・男女・善悪・理非・上下・治乱という如き対立は総てこうした生死と同じ「互性」を有する。……こうした対立は対立しながら同時に統一である。だからそれを混同するのが誤りであると同様に、抽象的に分離固定するのもまた一方的《アインザイテイヒ》——「偏惑」——である。「心は一心と殺さざれ二心と決せざれ。身心を二別と為さざれ雑一と為さざれ」、「善悪を二別となさざれ、一物と決せざれ。理非を二事と為さざれ一事と昧《くらま》さざれ」。しかるに物を具体的作用から切離して理解する従来の思想は必然にこうした偏惑に陥らざるをえない。……人間社会の「自然世」より「法世」（「不耕貪食」の世―引用者）への転化は畢竟《ひつきよう》、互性の原則が失われ、具体的統一が「分別知」の抽象的対立に変じたところにはじまる。（「近世日本政治思想における『自然』と『作為』」、『集2』41）

自然のうちにみられる「互性」の両項は対立するとともに統一されている。丸山はこの対立と統一を包摂する動的構造を弁証法的構造としている。「不耕貪食」のありかた、及びそのイデオロギーは、両項の対立を固定するという「偏惑」、「分別知」におちいっているのである。自然のうちに存在する動的な弁証法的構造からの静止的な観念への逸脱なのである。昌益において、徂徠における政治、制度の作為、宣長における感情の自然への超越も自然の弁証法的構造から静止的な観念への逸脱とされているのである。

以上、丸山は、昌益が現実の幕藩体制に、自然の弁証法が貫徹する「自然世」を対置したことを評価しているが、同時に、昌益のうちには、「法世」を「自然世」に転換すべき人間主体のありかたについての構想は見出せないとしている。このことの思惟構造上の要因として、昌益の論理が自然（内在）の論理であり、作為（超越）の論理がみられないことを指摘している。昌益の弁証法は作為の契機を欠落させており、「素朴な唯物論に必然にともなう決定論（運命論）的色彩が強い」自然（内在）の弁証法であるとしている（『講義1』48）。

福沢諭吉と闇斎学派

「惑溺」

福沢諭吉についての丸山の考察をみてみよう。

社会関係が閉鎖的で固定している場合には人間の行動様式がつねに同じ形で再生産されるから、それは漸次に行動主体から独立して沈澱し、ここに伝統とか慣習とかが生れる。それらは人間の作ったものでありながら恰も自然的存在であるかの様に人間を繋縛する。かくしてそこでは価値規準がそうした伝統や習慣によってあらかじめ与えられ、それが社会の成員に劃一《かくいつ》的に通用する。人々の思考様式は自から類型的となりパースペクティヴも固定するのは当然である。福沢は単に価値判断の絶対化という問題にとどまらず凡そ一定の実践的目的に仕えるべき事物や制度が、漸次伝統によって、本来の目的から離れて絶対化せられるところ、つまり手段の自己目的化傾向のうちに広く惑溺現象を見出した。（「福沢諭吉の哲学」、『集3』47）

「惑溺《わくでき》」は現在の用語における物象化に相当する。物象化には、人間がそのうちに内在しているところの法則、規範が、人間がそれに向って超越していくところの目的、状況から離反して物象化する物象化（超越から離反している内在）、及び、人間がそれに向って超越していくところの目的、状況が、人間がそのうちに内在しているところの法則、規範から離反して物象化する物象化（内在から離反している超越）とがあると考えられる。丸山は、福沢が「惑溺」のうちに、具体的状況から離反して公式を墨守する公式主義と、無原則に状況に追随する機会主義を見出していることを指摘している。公式主義においては、人間がそのうちに内在しているところの公式が、人間がそれに向って超越していくところの具体的状況から離反して物象化しているのであり（超越から離反している内在）、機会主義においては、人間がそれに向って超越していくところの状況が、人間がそのうちに内在しているところの原則から離反して物象化しているのである（内在から離反している超越）。

弁証法

丸山は、福沢においてこの「惑溺」に対し、弁証法的思考が対置されていると指摘している。福沢における弁証法的思考においては、人間がそのうちに内在するところの法則、規範、及び、人間がそれに向って超越していくところの目的、状況を固定したものとせず、具体的状況に応じて絶えず流動化させ、相対化していくとしている。個別の状況に対してそれぞれに具体的な状況判断、目的設定がなされるとともに、同時に、より抽象的なレベルにおける法則、規範を見出していく「精神的余裕」が「保留」されているとしている（「福沢諭吉の哲学」、『集3』47）。すなわち法則、規範への内在と、目的、状況への超越とが離反せず、両者の関係が流動しつつ両者が連関しているのである。

自由への超越において、「専制の原理に対する自由の原理の直線的排他的な勝利」、「自由の単一支配」は内在から離反している超越であり、もはや自由ではなく、「自由は不自由の際に生ず」るのであり、「自由と専制との抵抗闘争関係そのもの」（内在と超越との連関）のうちに自由があるのである（同）。

福沢は随所に人間を蛆虫《うじむし》に比し、「人間万事小児の戯」（明二五・一一、慶応義塾演説）と観じた。……ところがまさにこのところで福沢の論理は急転する。「既に世界に生れ出たる上は、蛆虫ながらも相当の覚悟なきを得ず。即ち其覚悟とは何ぞや。人生本来戯と知りながら、此一場の戯を戯とせずして恰も真面目に勤め……るこそ蛆虫の本分なれ。否な蛆虫の事に非ず、万物の霊として人間の独り誇る所のものなり」（福翁百話）。……人生を戯と観じ、内心の底に之を軽く見ることによって、かえって「能く決断して能く活潑なるを得」、同時に自己の偏執を不断に超越する余裕も生れて来るという点に、彼は蛆虫観の実践的意味を見出した。福沢の驚くべく強靱《タフ》な人間主義は、宇宙における人間存在の矮小性という現実から面を背けず、之を真正面から受け止めながら、逆にこの無力感をば、精神の主体性をヨリ強化させる契機にまで転回させたのである。……もし戯という面がそれ自体実体性を帯びるとそこからは宗教的逃避や虚無的な享楽主義が生れるし、真面目《まじめ》という面が絶対化されると、現在のsituationに捉われて自在さを失い易い。真面目な人生と戯れの人生が相互に相手を機能化するところにはじめて真の独立自尊の精神がある。福沢は「一心能く二様の働を為して相戻《もと》らず。即ち其広大無辺なる所以なり」と言って、そうした機能化作用を不断にいとなむ精神の主体性を讃えた。（同）

「蛆虫」、「戯」、「人間存在の矮小性」という系列と、「真面目」、「精神の主体性」という系列とがある。前者は内在であり、後者は超越である。前者への埋没である「宗教的逃避」、「虚無的な享楽主義」とは、超越から離反している内在であり、後者への固執である、

「現在の situation」に捉われた自在性喪失とは、内在から離反している超越である。前者による後者の機能化とは、「内心の底」において人生を「軽く見る」ことによる決断の活潑化、自己の偏執からの脱却であり（内在に連関している超越）、後者による前者の機能化とは、「人生本来戯と知りながら、此一場の戯を戯とせずして恰も真面目に勤め」ることである（超越に連関している内在）。

人間を一方で蛆虫と見ながら他方で万物の霊として行動せよ――これは明白にパラドックスである。しかもこのパラドックスから福沢は独特の「安心法」を導き出す。「浮世を軽く認めて人間万事を一時の戯と視做《みな》し、其戯を本気に勤めて怠らず、啻《ただ》に怠らざるのみか、真実熱心の極に達しながら、扨《さて》万一の時に臨んでは本来唯是れ浮世の戯なりと悟り、熱心忽ち冷却して方向を一転し、更らに第二の戯を戯る可し。之を人生大自在安心の法と称す」（福翁百話）。（同）「戯」の人生を「本気に勤めて怠らず」、「真実熱心の極に達」するのは、後者による前者の機能化であり、「万一の時に臨んでは本来唯是れ浮世の戯なりと悟り、熱心忽ち冷却して方向を一転」するのは、前者による後者の機能化であり、この二つの機能化が交替しつつ展開していく弁証法的構造があるのである。

フィクション、遊戯としての世界

人生を「戯」としてみることの延長上にさらに、積極的に世界をフィクション、遊戯としてとらえる姿勢が形成される。

> さきにわれわれは福沢における主要な命題が悉く条件的な認識であり、いわば括弧付で理解さるべきことを知った。そうしてそこにパースペクティヴを絶えず流動化する彼の思考の特質を見た（ある命題が主張されるのは特定の条件が成立している場合においてであり、条件が変化すれば、主張される命題も変り、パースペクティヴも変化する—引用者）。その意味においては、人生は遊戯であるという命題は彼の付けた最大の括弧であるということが出来る。遊戯とはジンメルも述べている様に人間活動からそのあらゆる実体性を捨象して之を形式化するところに成立つところの、最も純粋な意味でのフィクションである。そうしてフィクションこそは神も自然も借りない全く人間の産物である。福沢は人生の全体を「恰も」という括弧につつみ、是をフィクションに見立てたことによって自《みずか》ら意識すると否とを問わずヒューマニズムの論理をぎりぎりの限界にまで押しつめたのであった。（「福沢諭吉の哲学」、『集3』47）

人生を「戯」としてとらえるという場合においては、「真面目」の絶対化による自在性喪失からの脱却が志向されているのである（内在による超越の機能化、内在に連関している超越）が、世界をフィクション、遊戯としてとらえるという場合においては、世界のうちに内在しつつも、フィクション、遊戯へと自覚的に超越していくのである（内在し、同時に超越している。内在と超越との連関）。

丸山は、福沢におけるフィクション、遊戯としての世界把握の基盤の上に福沢のプラグマティズムを位置づけていると考えられる。「あらゆる認識の実践的目的（『議論の本位』）による規定性を説き、『物の貴きに非ず其働の貴きなり』として事物の価値を事物に内在した性質とせずして、つねにその具体的環境への機能性によって決定して行く考え方」、及び、「『石橋鉄槌の用心』（福翁百話）を排し、『凡そ世の事物は試みざれば進むものなし』、『開闢の初より今日に至るまで或は之を試験の世の中と云て可なり』（概略、巻之一）」とする「実験主義」が福沢のプラグマティズムであり、そこでは、「客観的自然が人間にのしかかって来る『鉄の如き必然性』としてよりも、むしろヨリ多く人間の主体的操作（実験）によって不断に技術化さるべき素材として、明るい展望をもって現われている」としている（同）。「試験の世の中」においては、「技術化さるべき素材」のみならず、「実践的目的」、「具体的環境への機能性」それ自体も変容していくのであり、「試験」とはフィクション、遊戯への超越なのである。

福沢におけるこのフィクションへの超越において、学問研究における、生活上の効用、現実的利益からの解放、「アンシャン・レジームの学問がなにより斥けるところの『空理』への不断の前進」が主張され、また福沢において「科学と理性の無限の進歩に対する信仰」が保持されながら、現実は合理性のみから構成されてはおらず、人間の感情を始めとする様々な非合理性に満ちていることを承認し、合理性への囚われからの解放、非合理性を含んだ現実総体に対する現実的対処が主張されていることを指摘している（「福沢に於ける『実学』の転回」、『集3』47）。

平衡、中庸の弁証法

次に山崎闇斎《やまざきあんさい》を創始者とする闇斎学派についての丸山の考察をみてみよう。闇斎学派における、他派を異端とし自派を正統とし、さらに自派内部においても自分こそが正統であり、他者を異端であるとして、無限に学派の分裂をくり返す強烈な正統の追求のうちに、思想、教義内容自体における正統の追求と政治的、社会的意味における正統の追求とを見出している。前者からみてみよう。

闇斎学派が同一化しようとした朱子学における、「集中と拡散、内面性と外面性、先験的契機と後天的契機、分析と直観、日常卑近と高遠、客観的対象化と実践的反求といった

図7　山崎闇斎

反対方向への磁力の共存」を指摘し、このような両極性において分化しつつ統合されていること、両極性の平衡、中庸が緊張のうちに保持されていることを思想における正統としている。「この平衡の喪失または切断が、偏内異端（仏教・陸王学など）と偏外異端（申韓の道など）、高遠異端と卑近異端、記章異端と窮行異端」というようなさまざまな異端として現われるとしている（「闇斎学と闇斎学派」、『集11』80）。

　両極性の一方の契機のアンバランスな亢進が、正統からみた異端の思想的特徴である。なぜそうした亢進が起るか、といえば、矛盾し対立する契機の持続的な緊張に堪えないで、いずれか一方の排棄や断念によって一元性を獲得しようとしたり、または究極目標への一挙の飛躍によって問題を解決しようとするからである。こうして、絶対者との直接な神秘的合一、早急な一挙主義、生活態度の極度の単純化、心霊の純粋性と無規律性への憧憬、などが古来、異端化される思考傾向の共通の特質となる。逆になぜ正統的思考パターンにおいて、「一致」や「合一」が必須になるかといえば、いうまでもなく秩序の一元性と、先に述べて来たような「一つの真理」の要請とが対応しているからである。もし単一の真理が崩壊するならば、それは正統思考にとっては宇宙と世界のおそるべき混沌《カオス》への解体を意味する。一方では、泥沼のような無秩序へ通じる真理の多義化にいかに歯止めをかけるか、他方でしかし、「一つの真理」への固執によって、世界の豊饒《ほうじょう》性を枯渇させ世界解釈の全体性《カトリシティ》を喪失する危険にどう対処するか――それ自体がまた矛盾の統一の問題に立ち帰ることになる。（同）

「泥沼のような無秩序へ通じる真理の多義化」とは内在から離反している超越であり、「『一つの真理』への固執によって、世界の豊饒性を枯渇させ世界解釈の全体性《カトリシティ》を喪失する危険」とは超越から離反している内在である。異端とはこのような内在と超越との離反であり、正統とは内在と超越との連関における弁証法である。

内在と超越との離反としての異端

超越から離反している内在である異端の代表として仏教がある。仏教が理を憎むのはその「分殊」の面である。「異端ハ条理ヲ悪ンデ、メツタニ（むやみやたらに―引用者）一ツジヤト云テ、善悪不二、邪正一如ト云、窮理ヲイヤガルモココナリ」。一々事物に即して窮理するのは「キウクツ（窮屈）ニテ自由ニハタラカレヌユヘニ、理障ナリトシテ（理は障害であるとして―引用者）ノガレタモノナリ」。気の中に働く理を忌避するところから「高上ナ事」をいい、無極の真とまぎらわしくなり、そこを程子が「弥《いよいよ》近レ理而大乱レ真矣」と言った。仏教の「捨身出家」つまり世間逃避《ヴェルトフルフト》とその高遠性にたいして、「吾儒ノ道」は「五倫の中色々苦労ナル事アツテモ、ソレヲノガレウトハセズ、其事ノ当然ノ理ノヤウニスルナリ」。世間内的な苦労（「克己」と「力行」）からの逃避は「己ガ一身ノココロヨイヤウニシタモノ」で、「世上ノ理ヲカマハヌ人ヲ気随《きずい》トハヨク云タリ」……。（「闇斎学と闇斎学派」、『集11』80）

ここでいわれている「理」は、「一々事物に即して窮理する」こと、「世間内的な苦労」（超越）において見出されてくる「理」であり、仏教は超越から離反しているとされている。

内在から離反している超越である異端については、佐藤直方《なおかた》（闇斎の高弟）の次の言葉を引用している。「見所ナキ儒者ハ、条理分殊ノ方ハココロヘテ、カノ一理ヲ知ラヌユヘニ、事物ニマトワレテ居ル。程門ノ衆、禅意ニ流（レ）ラレタト云モ、俗儒ニテナキユヘナリ。世上ノ実学者ニハ、異端へ流（ル）ルキヅカヒハナキコトナリ。故（ニ）朱子ノ、今ノ儒者ハ異端ノ見処ニヲト（劣）リタルト云ハレタリ」（同）。文中の「異端」は前述の仏教異端であり、「見所ナキ儒者」の異端は「カノ一理」（内在）から離反し、「事物」への超越に囚われているのである。

丸山は、内在と超越との離反としてのこのような異端におちいらず、内在と超越との弁証法としての正統を志向する闇斎学派と、前述の福沢諭吉とは、表面上の異質さにもかかわらず、その弁証法の構造において通底しているとみていると考えられる。この両者との対比において、荻生徂徠《おぎゆうそらい》、本居宣長《もとおりのりなが》は、内在から離反している超越を志向する異端として、安藤昌益《あんどうしょうえき》は、超越から離反している内在を志向する異端として位置づけられていると考えられる。丸山は、古学派の批判を受けた後の日本の朱子学派が、闇斎学派以外においても、闇斎学派同様の弁証法的構造を獲得していったとしている。

朱子学的思惟方法は（新井―引用者）白石の歴史研究にとって全然マイナスであった

と断ずることもできない。なぜなら、徂徠的な実証主義は前述の如く、多かれ少かれ古典に対する信仰と相表裏しているから、いわゆる古代の意識構造を再現することには役立ちえても、つまり、認識されたものの再認識には役立ちえても、そうした古代意識とその背後にある社会的事実との関係を批判的につきとめることができず、動《やや》もすれば、文献の盲信に陥る懼《おそ》れがある。それは、徂徠的な思惟方法を継承した宣長らの記紀研究が事実、陥ったところでもあった。白石が我が古代史をどこまでも神秘化せずに、これに科学的批判のメスを加えたことについては、朱子学的教養より来る合理主義的見地が思わざる貢献をしたと考えられるのである。歴史学はむろん実証性を生命とするけれども、単なる史料主義からは歴史的批判は生れてこない。歴史意識が真に科学性を持ちうるためには、実証性を媒介とした理性的批判（超越に連関している内在―引用者）が伴うことが必要である。朱子学的合理主義が一たび古学派的批判の洗礼を受けて、道学的色彩（超越から離反している内在―引用者）をふりすてた時、それはやはり歴史意識の形成に一つのプラスとして働きえたわけである。（『講義1』48）

この見解は、本章（「思想家の探究」）における徂徠学、宣長学に対する丸山の見解（昭和一五、一六年発表）より後のものであり、その見解において徂徠学、宣長学によって否定、克服されている朱子学のありかた（超越から離反している内在）と、この見解における朱子学のありかたとは異なっている。この見解以後、本書において考察している闇斎学派に関する丸山の見解の発表（「闇斎学と闇斎学派」、昭和五五年発表、『集11』所収）に至るまで、丸山において、朱子学のもつ、内在と超越の弁証法的構造の構想が抱懐され続けていたと考えられるのである。

O正統とL正統

次に後者の政治的、社会的意味における正統の追求をみてみよう（丸山は、前者の思想、教義内容自体における正統をO正統〈orthodoxy〉、政治的、社会的意味における正統をL正統〈legitimacy〉とよんでいる）。L正統は闇斎学派において第一に、万世一系の皇統による統治が正統であり、他国における統治の正統性よりもより正統的であること、第二に、君臣、父子、夫婦、兄弟から始まって藩、日本国家に至る帰属的関係、この帰属における共同体的感情が正統であること、第三に、その学説において O正統を独占しているべき闇斎学派が学派として唯一の正統であることとして現われるとされている。O正統を担う闇斎学派の人間、人間集団は、政治的、社会的な場においては特殊主義的関係のうちに帰属しており、その帰属する特殊主義的関係をL正統化しようとする。第一の皇統、第二の帰属的関係、共同体的感情、第三の学派としての闇斎学派は特殊主義的関係であり、それらに帰属する、O正統を担う闇斎学派の人間、人間集団によってL正統化されるのである。

経験科学においても、それが「世界観」に定礎されていることが共通の自覚になっているならば、そこには自分自身のトータルな人格が賭けられている。……こうして経験的検証の不可能な教義やイデオロギーをめぐる論争は、どうしても人間あるいは人間集団を丸ごと引き入れるような磁性を帯びることになる。それは、関与者の知的・道徳的水準によっていかようにも矮小化され、あるいは醜悪な相を帯びるかもしれない。しかし教義＝イデオロギー論争のすさまじさを単に嘲笑し、あるいは自分はそうした厄介な問題には無縁だと信じられるのは世界観音痴だけである。その凄絶さから目をそむけずに、右のような磁性に随伴する病理をいかに制御するかが、およそ思想する者の課題なのである。（「闇斎学と闇斎学派」、『集11』80）

「経験的検証の不可能な教義やイデオロギーをめぐる論争」とはO正統をめぐる論争であり、「人間あるいは人間集団を丸ごと引き入れるような磁性」とはL正統をめぐる闘争であり、O正統の追求はL正統の追求を随伴するとされているのである。闇斎学派はO正統への志向が強烈である故に、Ｌ正統を志向するのである。前述したように、Ｏ正統は内在と超越との連関における弁証法としてとらえられているが、Ｌ正統は内在に連関している超越として（超越に連関している内在ではなく）とらえられていると考えられる。Ｌ正統の追求は、Ｏ正統に依拠しつつ、世界へ超越していくことなのである。Ｏ正統は普遍主義を志向しており、Ｌ正統もＯ正統の普遍主義に依拠しつつ、普遍主義を志向する。Ｌ正統とは、Ｏ正統を担う人間、人間集団が帰属する特殊主義的関係を普遍主義化することなのである。

終章　丸山真男に対する対蹠的な論評

対蹠的な論評

丸山真男についての論評において、対蹠的《たいせきてき》な二つの方向から丸山が批判されていると考えられる。一方は、政治社会において国家を始めとするさまざまな共同体的集団が現実に果している機能に対し丸山がきわめて批判的、否定的であり、丸山が想定する自由な個人主体を共同体から離反させた結果、その個人主体は著しく現実から離反したものになっていると批判している。佐藤誠三郎、坂本多加雄、尾藤《びとう》正英等である。他方は、丸山が提起する、自由な主体が民主主義的に国家を担っていくという民主主義とナショナリズムとの結合の志向のうちに、国家、民族及び自由な主体の物象化を見出し、批判している。中野敏男、酒井直樹、米谷匡史等である。

佐藤誠三郎の論評

前者について。佐藤誠三郎は、丸山が信奉する、歴史の方向としての「『自由な主体』による人間社会進歩」に対して、歴史の方向は「『自由の意識に向かっての進歩』であるとは限らないし、『自由の意識』そのものが伝統によって拘束されており、また伝統のなかで育まれた秩序なしには自由がありえない」、と批判し、丸山は、「自由の前提となる秩序と伝統との関連について……つきつめた考察をついに発表しなかった」、としている。さらに、「アソシエイション的結合がいくらできても、それらが公共的態度を育み、自由を基礎づける秩序を形成するという保障はない。人間には、アソシエイションだけでなくコミュニティが必要なのであり、それなしには個人主義が欲望の気ままな発散に堕するのを防ぐことはできないのである」、とし、丸山における、共同体（「コミュニティ」）を欠落させた、自由な主体による「アソシエイション」志向を批判している。丸山が、自由な主体による民主主義的な国家形成のみが、ナショナリズムの健全なありかたであるとしているのに対して、現実のナショナリズムは自由民主主義的な統治形態を志向するとは限らず、現在の途上国のそれにみられるような独裁的、寡頭制的統治形態を含めて、伝統的な社会形態、共同体のありかたに制約された多様な統治形態を随伴するとしている。中野好夫が、「(太平洋戦争について―引用者) 自分は聖戦とも思っていなかったし書きもしなかった。勝つとも思えなかった。しかし私はけっして傍観して日本が負けるのをニヤニヤと待ちのぞんでいたのではない。十二月八日以後は一国民としての義務の限りは戦争に協力した。欺されたのではないのです。喜んで進んでしたのです」（傍点丸山）、としているのに対し、丸山は、「その時々の政府が決定したことが国策になるとき、それはほんとうに日本の国家にとってもいいことかどうか——それは国家が決めることじゃなくて、国家を超える価値を規準としてはじめてその国家がやってることが正しいかどうかがわかることです」とし、中野が傍観を全て「ニヤニヤ」していることとしたのに対し、「ある状況の下では、せっぱつまった、いわば必死の思いの『傍観』もあるということです。そうしてそれは『積極的に』間違った国策に協力するよりはまだましな態度なんです」と批判している（「中野好夫氏を語る」、『集12』85）。佐藤はこの論争について、「中野の態度の方が優れていると信ずる。個人として当時の政府の戦争政策にいかに反対であろうと、いったん戦争が始まったら、『国民としての義務の限り』では戦争に協力するというのは、まさに健全なナショナリズムではないか」、とし、さらに、「ある国の国民であるということは、その国と運命をともにするということであり、したがって政府のやったことに否応なく連帯責任を負わざるをえないということを意味するのである。それは政策決定がどの程度民主的であったかどうかとは、とりあえず関係ない」、としている。さらに丸山が明治期以来の国家、社会の展開の連続線上に超国家主義を位置づけていることを批判し、「戦前の日本で自由民主主義が確立されなかったことは確かであるにしても、明治前半期よりは後半期の方が、それよりさらに大正期から昭和初期にかけての時期の方が、日本の政治体制が自由民主主義により接近していたこともまた否定できない」とし、「産業化の発展による教育水準の高い中間層の増大もあり、自由民主主義的志向をもったナショナリストも、大正・昭和期には、明治前半期よりもはるかに多くなっていた。総力戦体制下の日本の状況は、やはり津田左右吉《そうきち》が指摘するように、例外現象なのである」、としている。「総力戦体制下の日本の状況」(超国家主義)を例外として、明治～昭和戦前期の日本は、健全なナショナリズムの基盤の上に自由民主主義を成長させていったとする佐藤の見解は、共同体、及び運命共同体としての国家に人間は強く結びついているし、この結合の上にのみ秩序、自由は成立しうるという基本的な考えかたにもとづいており、国家を超えた普遍主義を基準とする丸山の考えかたとは根底から対立しているのである。佐藤は、戦後日本をも含めて近代日本全体に対して批判的、悲観的であった丸山の基底に「アナーキズムへの憧れ」を見出している。丸山が、超国家主義の台頭をおさえきれず、超国家主義と根底的には連続しているとする「重臣リベラリズム」、「明治的な知識人」の典型である津田左右吉と佐藤との見解の一致も重要であり、佐藤は「重臣リベラリズム」、「明治的な知識人」のうちに、丸山が喪失している伝統、共同体への依拠を見出しているのである（以上、佐藤誠三郎「丸山真男論」、『中央公論』平成八年一二月）。

坂本多加雄の論評

坂本多加雄は、丸山の「近代化」の基底には自然から作為への思惟様式の転換があり、「事前の明確な設計に基づいた社会秩序の工学的な『制作』」である、自由な主体の作為こそが丸山の「近代主義」の原理であるとし、このような原理を「構成的合理主義」とよび、デカルト、ホッブズ、ルソー、マルクスをその担い手としている。これに対し、「社会全体の秩序を、人間の営為と全く無関係な、その意味で完全な所与のものとしてでなく、しかしまた、人間によって完全に計画的に制作されるものとしてでもなく、まさに、その意味で、いわば『計画なき人為』として眺める」とらえかた、スコットランド啓蒙派に代表されるとらえかたを対置し、モンテスキュー、ヒューム、スミス、一九世紀のイギリス自由主義、トクヴィル等に担われていったとし、近代社会、ことに市場経済社会の原理として深く機能していたとしている。すなわち坂本は丸山の「近代主義」を一面的、表層的とみていると思われる。丸山が、自己否定を媒介として世界変革へ向う弁証法的運動を主張するマルクス主義を高く評価するのに対し、坂本は、丸山が否定的に批判するスミスの予定調和的な市場経済論を重視し、福沢諭吉における市場経済の肯定的受容をスミスに極めて近いものとし、福沢をスコットランド啓蒙主義の思想圏内に位置づけ、丸山における、福沢のうちに弁証法的思考を見出す理解とは異質な理解に到達している（坂本多加雄『市場・道徳・秩序』創文社、平成四年二月）。丸山の師、南原繁《なんばらしげる》と丸山とを対比的に論じて、南原が大正期教養派と「永遠」の価値を共有しながら、教養派の個人主義的、コスモポリタン的ありかたから脱却し、「人間の本来的な社会性あるいは共同性の確立」をめざす政治の営みの意義を見出していったのに対し、丸山は、「社会が、単なる個人の集積ではなく、『対立し抗争し反撥する諸社会層の弁証法的な統一』であるという」マルクス主義的社会観から出発しながら、「政治優位の論理がグロテスクな形をとった戦時期の体験を通して、様々な留保を伴いつつ『教養派』的な前提に改めて復帰」していったとし、南原とは逆に、大正期教養派的な「永遠」と個人の主体性との結合へ回帰していったとしている（坂本多加雄『知識人』読売新聞社、平成八年八月）。さらに坂本は、「丸山は、彼の理想とする『近代的精神』が日本において形成されることの困難に思い至り、その原因を日本の伝統的な歴史観（『原型』の時間意識―引用者）

のあり方に探ろうとしたのである。ただ、興味深いのは、そこで丸山が、西欧近代社会自身が、いまや究極の歴史的目標を見失い、むしろ、日本のこうした伝統的な時間秩序が示唆するのに類似した状況が西欧に生まれようとしていると述べていることである。とすれば、われわれ日本人は、フクヤマ（フランシス・フクヤマ―引用者）の『歴史の終焉』の意味を既に伝統のうちに体験していたと言えるのかもしれない」、としている。「フクヤマの『歴史の終焉』」とは、「冷戦が西側社会の勝利によって終結しつつあることは、資本主義社会の後に社会主義社会が到来するとしたマルクスの予言が誤っていたことを意味している。すなわち、西側において、今日、既に成立しているか、あるいは成立しつつある自由民主主義的な統治と自由主義的な市場経済によって営まれるような社会こそが、歴史の進歩の最終段階に位置するもの」であるとするみかたである。この進歩の歴史の終焉後の世界が『原型』の世界に近づいてきていることを丸山が承認してきていることは、丸山の「近代的精神」の終焉をも丸山が承認していることを意味していると坂本は指摘しているのである（坂本多加雄『近代日本精神史論』講談社、平成八年九月）。

尾藤正英の論評

尾藤正英は丸山について直接論及してはいないが、江戸時代及び天皇機関説事件について丸山とは対立する見解を提示している。丸山が江戸時代の社会構造を、戦国時代の割拠体制の凍結としての、実体化された、特殊主義的な、内閉した小世界の集合としてとらえたのに対し、尾藤は、一四世紀前後に一般の民衆の間にまで「家」という組織が広まり、社会全体が漸次「家」を単位として組織されていき、社会におけるさまざまな機能も「家」が「役《やく》」として担うという体制が成立し、成熟していったのが江戸時代であったとしている。この平和をもたらした「家」、「役」体制を民衆は肯定的にとらえ、「家」の構成員は積極的に「家」の保持につとめ、その永続を願い、「役」は、「自発的に、その責任を果すことに誇りを感じて、遂行されるような義務」としてとらえられていたとし、国家社会全体は「家」の集合体としての全体的な共同体としてとらえられていたとしている。江戸時代の仏教についても丸山は、精神的独創性に乏しい、体制に従属した御用宗教としてとらえているが、尾藤は、仏教が「家」と結合しつつも、「家」の成員である個人の信仰としても普及、深化し、「国民的宗教」として発展していったとしている。天皇機関説事件について丸山が、美濃部達吉等の天皇機関説の一般民衆における超国家主義的素地からの乖離《かいり》、事件時における前者の後者への屈服、この屈服をもたらした前者と後者の根底的連続性として理解したのに対し、尾藤は、天皇機関説は、前述の「家」によって構成される社会において形成されてきた伝統的な共同体的国家観の基礎の上に構成されたものであり、美濃部等上層のみでなく一般民衆にも理解、支持されていたものであり、事件は、昭和戦前期において台頭してきた、しかし一般民衆のうちに基盤をもたない、伝統的な国家観から逸脱した超国家主義勢力によっておこされたものであるとしている。尾藤は前述の佐藤誠三郎、津田左右吉と、また美濃部等と、伝統的共同体に対する積極的、肯定的なとらえかたを共有しているのである（尾藤正英『江戸時代とは何か』岩波書店、平成五年三月）。

中野敏男の論評

次に後者について（中野敏男の論評によって代表させる）。中野敏男は、丸山の原点としての「弁証法的全体主義」（丸山論文「政治学に於ける国家の概念」一九三六年発表において提示）が一方において近代の個人主義における国家政治からの個人の隠退に対決し、他方において日本の超国家主義、ドイツのファシズムにおける自然的秩序への個人の埋没、解消に対決し、主体化された個人の国家政治への参画という弁証法的構造を提起していることに着目している。さらにこの原点に立脚した丸山の姿勢を、「危機の政治に合理性を求めて主体的・能動的に参与する近代人という近代人像」、「近代の潜在力によって戦争の時代における近代の危機を超克するという思想的立場」としてとらえ、この主体的な近代人の原型は、徂徠学のうちに丸山が発見した、秩序を作為する絶対的人格である聖人であるとしている。中野は、丸山において近代日本における絶対的人格として想定されているのは天皇であるとし、さらに戦時体制下における論文「国民主義理論の形成」において、丸山は、全ての国民が天皇とともに総力戦体制に主体的、能動的に参画するよう求めているとし、そこにおいて、我々が日本人であること、日本人が帝国日本の総力戦体制に参画すべきであるということが、個人が国家に参画するという普遍主義的な近代ナショナリズムの論理として主張されているとしている。ここにおいて単一民族の日本に個人主体が同一化するという枠組が近代の論理の帰結としてとらえられ、単一民族ならぬ植民地帝国としての帝国主義日本の現実は盲点に入ってしまっているとしている。戦後の丸山においては超国家主義批判にみられるように、近代ヨーロッパを志向し、強靱な主体に依拠する民主主義、自由主義の比重が増大するようにみえるが、基底においては個人主体が、日本国家を構成する日本人に同一化するという近代ナショナリズムの枠組が保持されており、丸山においてこの枠組の外部である植民地帝国主義は依然視野に入ってきていないとしている。中野は、個人の主体性の確立と個人の国家への帰属とが相互促進的な関係にある近代の論理は丸山から始まって、吉本隆明、加藤典洋、さらに前述の坂本多加雄が属す「自由主義史観」派に至るまで通底しているとしている（中

野敏男『大塚久雄と丸山真男』青土社、平成一三年一二月）。

論評の構造

以上、丸山に対する論評における対蹠的な二つの方向の批判をみてきたが、両者とも、丸山における、個人主体が国家を担っていくという根幹構造に対して批判しているのであり、前者は自由な個人の主体性が物象化しているとするのであり、後者は個人主体、国家ともに物象化しているとするのである。私見では丸山自身はこの根幹構造において内在と超越との連関という弁証法的運動を志向していると自己規定していると考えられるが、前者は丸山が、内在から離反している超越（個人主体の物象化）におちいっていると批判し、後者は丸山が、内在から離反している超越（個人主体の物象化）、超越から離反している内在（国家の物象化）の双方におちいっていると批判しているると考えられる。

あとがき

著者は現在、近代日本の思想の全体構造をとらえるべく、内在、超越、さらには、内在と超越との連関、離反という枠組に依拠して個別の思想創出者の思想を研究している。拙稿「近代日本のアナーキズム思想と長谷川如是閑の思想との連関構造及び思想史的展望」(『山形大学紀要(人文科学)』第一四巻第四号、平成一三年二月)はその最初の成果であり、拙著『近代日本のアナーキズム思想』(吉川弘文館、同八年三月)における大杉栄等八人の思想の考察内容、拙著『長谷川如是閑の思想』(吉川弘文館、同一二年二月)における長谷川如是閑の思想の考察内容を内在、超越の枠組によってとらえなおし、さらに近代日本思想史におけるそれらの位置づけを提示したものである。来年二月には、内在、超越の枠組によって詩人鮎川信夫の思想を分析した「鮎川信夫の思想」(『山形大学紀要(人文科学)』)が出る予定である。

本書は丸山真男の思想史学の全体を再構成しなおし、体系として整合的にとらえようとしたものであり、その再構成の枠組として、基本的には内在、超越の枠組に依拠している。しかし本書においては、紙幅の都合、また本書が収められているシリーズの性格を考慮し、内在、超越の枠組による再構成という方針を、本書全体にわたり明示的に貫徹させることはしなかった。本書の研究の基礎の上に、明示的に内在、超越の枠組によって丸山真男の思想史学全体を分析、再構成した論文を現在準備している。

内在、超越の枠組は著者において活用され始めたばかりであり、哲学・歴史学・思想史学・社会科学諸学の文献を参照してみても、明快、有益な意義設定、有効な使用実例を発見することはほとんどなく、今後思想創出者の思想分析に活用するなかで、その意義、機能、射程距離が発見されていかねばならないと考えている。

「終章　丸山真男に対する対蹠的な論評」で提示、紹介した諸氏の論評と丸山思想史学との関係構造は極めて刺激的であり、重大なテーマであるが、内在と超越の枠組による個別の思想創出者の思想の分析の広範な展開、それによる枠組自体の発展、明確化によって、その解明の構想が形成されてくると考えている。

本書「思想家の探究」の章、「荻生徂徠」の節において、内在対超越の対概念に照応する対概念として、実体対観念、即自対脱自、同一対差異、自然対作為の対概念を指摘しておいたが（内在は実体・即自・同一・自然に通底し、超越は観念・脱自・差異・作為に通底している）、さらに、存在対当為、多元性対一元性、観照対行為、既定対未定、過去対未来、共時対通時、空間対時間、無意識対意識、エス・超自我対自我、象徴界対現実界、内向対外向、消費対生産、伝統対革新、自力対他力、パロール対エクリチュール、ラング対ディスクール、シニフィエ対シニフィアン等の対概念を提示することができる（それぞれの対概念の前者の概念群に内在が通底し、後者の概念群に超越が通底している）。このように内在対超越の対概念に照応する対概念が豊かな広がりをもっていることは、内在対超越の枠組、内在と超越との連関、離反の枠組が大きな可能性をもっていることを示していると考えられる。

二〇〇二年九月

板垣哲夫

著者紹介

一九四七年、東京都に生まれる
一九七二年、東京大学文学部卒業
現在、山形大学人文学部教授
主要著書
近代日本のアナーキズム思想　長谷川如是閑の思想

歴史文化ライブラリー
149

丸山真男の思想史学

二〇〇三年（平成十五）二月一日　第一刷発行

著　者　板《いた》垣《がき》哲《てつ》夫《お》
発行者　林　英男
発行所　株式会社　吉川弘文館
東京都文京区本郷七丁目二番八号
郵便番号一一三―〇〇三三
電話〇三―三八一三―九一五一〈代表〉
振替口座〇〇一〇〇―五―二四四
印刷＝平文社　製本＝ナショナル製本
装幀＝山崎　登

歴史文化ライブラリー

1996.10

刊行のことば

現今の日本および国際社会は、さまざまな面で大変動の時代を迎えておりますが、近づきつつある二十一世紀は人類史の到達点として、物質的な繁栄のみならず文化や自然・社会環境を謳歌できる平和な社会でなければなりません。しかしながら高度成長・技術革新にともなう急激な変貌は「自己本位な刹那主義」の風潮を生みだし、先人が築いてきた歴史や文化に学ぶ余裕もなく、いまだ明るい人類の将来が展望できていないようにも見えます。このような状況を踏まえ、よりよい二十一世紀社会を築くために、人類誕生から現在に至る「人類の遺産・教訓」としてのあらゆる分野の歴史と文化を「歴史文化ライブラリー」として刊行することといたしました。

小社は、安政四年（一八五七）の創業以来、一貫して歴史学を中心とした専門出版社として書籍を刊行しつづけてまいりました。その経験を生かし、学問成果にもとづいた本叢書を刊行し社会的要請に応えて行きたいと考えております。

現代は、マスメディアが発達した高度情報化社会といわれますが、私どもはあくまでも活字を主体とした出版こそ、ものの本質を考える基礎と信じ、本叢書をとおして社会に訴えてまいりたいと思います。これから生まれでる一冊一冊が、それぞれの読者を知的冒険の旅へと誘い、希望に満ちた人類の未来を構築する糧となれば幸いです。

吉川弘文館

〈オンデマンド版〉
丸山真男の思想史学

On Demand
歴史文化ライブラリー
149

2018年（平成30）10月1日　発行

著　者　板《いた》垣《がき》哲《てつ》夫《お》
発行者　吉川道郎
発行所　株式会社　吉川弘文館
〒113-0033　東京都文京区本郷7丁目2番8号
TEL　03-3813-9151〈代表〉
URL　http://www.yoshikawa-k.co.jp/

印刷・製本　大日本印刷株式会社
装　幀　清水良洋・宮崎萌美

板垣哲夫（1947～）

ISBN978-4-642-75549-8